Maike

Le — Röll

Januar 2014

Alle Rechte vorbehalten
Copyright © 2010
Berenkamp Buch- und Kunstverlag
www.berenkamp-verlag.at
ISBN: 978-3-85093-261-5

Bibliographische Information der Deutschen Bibliothek: Die Deutsche Bibliothek verzeichnet
diese Publikation in der Deutschen Nationalbi-
bliographie; detaillierte bibliographische Daten
sind im Internet über http://dnb.ddb.de abrufbar

Bettina Ager

Lass Dich verführen 3

... dieses Mal resch und knusprig

Meine besten Backrezepte
für Brote mit Germteig, Brote mit Sauerteig,
Anlassgebäck, Partygebäck und
süßes Kleingebäck
sowie mit Rezepten für
pikante und süße Brotaufstriche

Berenkamp
Hall in Tirol · Wien

Vorwort

Das Backen von Brot hat in allen Kulturkreisen eine lange Tradition. Früher war das Brotbacken in den meisten Haushalten selbstverständlich, und auch heute wird wieder geknetet und gebacken. Selbst gemacht ist einfach am besten – man weiß vor allem, was „drinnen ist". Erfahren Sie selber, wie sinnlich Teigkneten sein kann. Beim Brotbacken kann man seine geschmacklichen Vorlieben umsetzen, seinen eigenen Stil entwickeln, verstärken und diesen sehr gut zum Ausdruck bringen.

So begann auch ich vor rund acht Jahren mit dem Brotbacken. Ich stellte meine Ernährung um, und da Brot bei mir nie fehlen darf, mischte ich mein eigenes zusammen. Ich probierte immer wieder neue Variationen aus und holte mir Ratschläge von Bäuerinnen und erfahrenen Bäckern. Meine Auswahl der besten Rezepte habe ich nun in diesem – meinem dritten – Backbuch zusammengefasst und mir somit einen weiteren Lebenstraum erfüllt.

Es ist mir eine große Freude, dieses Wissen weiterzugeben, und ich hoffe, dass auch Sie viel Freude am Brotbacken finden. Es erfordert nicht sehr viel – ein wenig Geduld, gutes Mehl und reines Wasser. Ob hell oder dunkel, ob Klassiker oder außergewöhnliche Spezialitäten, ob Laibe, Wecken, Stangerln oder Gebildebrote – alle Rezepte habe ich ausprobiert und getestet. Darüber hinaus habe ich für alle Hobbybäcker ein paar Tipps eingearbeitet und gebe verschiedene Anleitungen, wie etwa zur Herstellung von Sauerteig.

In der heutigen Zeit, wo wir uns wieder mehr an alten Werten orientieren und Selbstgemachtes „in" ist, entdecken immer mehr Menschen den ernährungspsychologischen Wert von selbst gebackenem Brot.

Mein drittes Backbuch leistet einen Beitrag dazu, den Spaß am Brotbacken neu zu beleben. Ich kann Ihnen nur sagen: „Brotbacken tut gut, und Freude an der Arbeit lässt das Werk trefflich geraten". Freuen Sie sich auf den Duft, der schon bald durch Ihre Bleibe ziehen wird.

Ihre
Bettina Ager
September 2010

Inhaltsverzeichnis

Abkürzungsverzeichnis

kl.	klein
l	Liter
ml	Milliliter
EL	Esslöffel
TL	Teelöffel
KL	Kaffeelöffel
Msp.	Messerspitze
Stk.	Stück
g	Gramm
kg	Kilo
1 kg	= 1.000 g
1/4 l	= 250 ml
1/8 l	= 125 ml
1/16 l	= 62,5 ml
Pkg.	Packung
1 Pkg. Backpulver = 16 g	
1 Würfel Germ – 42 g	
°C	Grad Celsius
OUH	Ober- und Unterhitze
HL	Heißluft

Brote mit Germ

Das Dampfl

Für die Herstellung von Brot und Kleingebäck eignet sich Germ sehr gut. Frischer Germ wird entweder direkt in das Mehl gebröselt, oder es wird ein Dampfl ("Vorteig") angesetzt. Salz wirkt sich auf die Gärung ungünstig aus – daher nur dann direkt mit dem Germ in Verbindung bringen, wenn es im Rezept ausdrücklich verlangt wird. Beim Mischen und Kneten des Teiges verteilt und löst sich der Germ restlos auf. Obwohl das Dampfl als althergebracht und teilweise überholt angesehen wird, setze ich persönlich sehr gern eines an. Meiner Erfahrung nach ist die Gehzeit kürzer und das Brot dadurch lockerer und bekömmlicher.

Zubereitung des Dampfls

Mehl laut Rezept in eine Rührschüssel geben, in der Mitte eine kleine Grube machen und den Germ hineinbröseln. Etwas lauwarmes Wasser oder Milch und eine Prise Kristallzucker oder Honig dazugeben und mit etwas Mehl vom Schüsselrand zu einem breiigen Teig verrühren. Diesen bei Zimmertemperatur ca. 20 Minuten stehen lassen, bis das Dampfl gupfartig aufgegangen ist, anschließend laut Rezept weiterarbeiten. Das Dampfl ist ausreichend gegangen, wenn sich an der Oberfläche kleine Risse gebildet haben. Das Dampfl nicht zu heiß gehen lassen, weil sonst die Germbakterien absterben und weder der Vorteig noch der Hauptteig aufgehen.

Zutaten

30 g Germ
1 TL Honig
100 ml Milch, lauwarm

250 g Weizenvollmehl
250 g Dinkelmehl
50 g Butter, zerlassen
2 TL Salz
150 g Käse, gerieben
50 ml Milch, lauwarm
150 ml Wasser, lauwarm

*Käse und Kümmel zum
Bestreuen*

Alpbachtaler Käsestange

Zubereitung

Germ und Honig in der warmen Milch auflösen und 10 Minuten gehen lassen (= Dampfl); alle anderen Zutaten (außer Käse) mit dem aufgegangenen Dampfl vermischen und gut verkneten, zum Schluss den geriebenen Käse einarbeiten, zudecken und zu doppeltem Volumen aufgehen lassen.
Teig auf der Arbeitsfläche nochmals gut durchkneten und in 3 Teile teilen; aus den jeweiligen Portionen dünne Stangen formen, auf das vorbereitete Backblech legen und nochmals zugedeckt an einem warmen Platz 20 Minuten gehen lassen. Backrohr auf 220 °C (OUH) vorheizen, Brote einige Male schräg einschneiden, mit Milch bestreichen und mit geriebenem Käse und Kümmel bestreuen. Gebäck bei 220 °C ca. 25–30 Minuten backen.

Zubereitung

Mehle, Salz und Zucker in einer Rührschüssel vermischen. Germ mit etwas Wasser glatt rühren und mit den restlichen Zutaten zum Mehl geben, auf niedriger Stufe mit der Küchenmaschine einen Germteig kneten (ca. 8 Minuten). Teig mit einem feuchten Tuch abdecken und ca. 45 Minuten ruhen lassen, kurz durchkneten und nochmals 10 Minuten entspannen lassen. Teig halbieren, je ein Baguette daraus formen und auf das Blech setzen. Gebäck zudecken und nach 15 Minuten das Brot gut mit Wasser besprühen und einschneiden. Gebäck erneut 10 Minuten gehen lassen. Backrohr auf 230 °C (OUH) vorheizen und Gebäck darin 10 Minuten anbacken. Backrohrtür kurz öffnen, Dampf entweichen lassen und die Hitze auf 200 °C reduzieren, Brot ca. 15 Minuten fertig backen.

Alpenbaguette

Zutaten

400 g Weizenmehl, glatt
100 g Roggenmehl
10 g Salz
1 KL Zucker
3 EL Essig
20 g Germ
125 g Crème fraîche
240 ml Wasser, lauwarm

Anti-Stress-Brot

Zutaten

100 g Gerstenmehl
100 g Kamutvollmehl
300 g Weizenmehl, glatt
30 g Germ
150 ml Brottrunk
je 1 EL Fenchelsamen,
Leinsamen, Salz
100 ml Wasser, lauwarm

Zubereitung

Mehle vermischen und eine Mulde machen, Germ hineinbröckeln und mit etwas Brottrunk glatt rühren; restlichen Brottrunk und die anderen restlichen Zutaten zugeben und zu einem weichen Germteig verkneten. Teig mit einem feuchten Tuch zudecken und 1 Stunde gehen lassen. Kastenform mit Backpapier auslegen, Teig nochmals kurz durchkneten, in die vorbereitete Form füllen und nochmals 30 Minuten rasten lassen. Backrohr auf 210 °C (OUH) vorheizen, Brot mit Wasser bestreichen, eventuell einschneiden und bei 210 °C ca. 50 Minuten backen.

 Tipp
Brottrunk ist in erster Linie für die Darm-flora gut, er spendet natürliche Vitamine, Mineralien und Spu-renelemente.

 Tipp
Kamut ist eine alte, wiederentdeckte Form des Hartweizens. Obwohl es als volles Korn vermahlen wird, ergibt es ein helles, mildes Brot mit leicht nussigem Geschmack. Gebäck mit Kamutmehl ist besonders für Menschen mit hektischem Alltag empfehlenswert. Kaufen Sie Gerste und Kamut-getreide im Reformhaus und lassen Sie es dort zu Mehl vermahlen.

Zubereitung

Mehlsorten, Salz und Gewürze in einer Rührschüssel vermischen und in der Mitte eine Grube machen. Germ hineinbröseln, mit Malzsirup und mit etwas Wasser verrühren (Dampfl). Dampfl zudecken und 20 Minuten ruhen lassen.

Wasser langsam einlaufen lassen und gut durchkneten, bis ein geschmeidiger Teig entsteht. Teig zudecken und gut 90 Minuten rasten lassen. Teig nochmals gut durchkneten, Laibe oder We-cken daraus formen, auf ein bemehltes Nudelbrett setzen und zugedeckt nochmals 30 Minuten gehen lassen. Backrohr auf 210 °C (OUH) vorheizen, Blech mit aufheizen, Brot auf das Blech setzen; bei 210 °C ca. 15 Minuten anbacken, Hitze auf 180 °C reduzieren und weitere 45 Minuten backen.

Zutaten

500 g Weizenbrotmehl
500 g Roggenmehl
20 g Salz
20 g Brotgewürz
1 EL Kümmel
20 g Germ
1 KL Gerstenmalzsirup
oder Honig
700 ml Wasser, lauwarm

Bauernbrot „Agnes"

Baguette

Zutaten

10 g Germ
10 g Salz
100 g Wasser, kalt

500 g Weizenmehl, glatt
150 g Wasser, lauwarm
1 TL Honig
6 g Butter, sehr weich

Wasser und 1 Prise Salz
zum Bestreichen

Zubereitung

Germ, Salz und Wasser verrühren und mindestens 20 Minuten stehen lassen. Mehl, Wasser, Honig und Butter zugeben und zu einem mittelfesten Teig verkneten.

Teig zudecken und 40 Minuten rasten lassen (nach 20 Minuten zurückdrücken).
Teig kurz durchkneten und halbieren, jedes Stück zu einer fingerdicken Platte ausrollen und diese von der Längsseite her locker einrollen.
Brote auf das vorbereitete Blech legen, schräg einschneiden und nochmals

25 Minuten gehen lassen. Backrohr auf 250 °C (OUH) vorheizen, Baguette mit Wasser und einer Prise Salz bestreichen und bei 250 °C ca. 10 Minuten anbacken. Hitze auf 220 °C reduzieren.
Brot nochmals mit Salzwasser bestreichen und ca. 25 Minuten fertig backen.

Biene-Maja-Brot

Zutaten

750 g Dinkelvollmehl
250 g Dinkelmehl
2 TL Salz
2 TL Fenchel, Kümmel und Koriander
42 g Germ
5 EL Honig
500 ml Naturjoghurt
250 ml Milch, lauwarm

Zubereitung

Mehle, Salz und Gewürze vermischen und in der Mitte eine Mulde machen. Germ hineinbröseln, mit Honig und etwas Milch verrühren, mit Mehl bestauben und 15 Minuten gehen lassen (= Dampfl).
Zimmerwarmes Joghurt und restliche Milch zugeben und zu einem eher

Dinkel-Jet

Zubereitung

Eine große Kastenform mit Backpapier auslegen. Wasser mit Salz, Germ und Honig so lange verrühren, bis alles aufgelöst ist. Gemisch mit den Mehlsorten, Sonnenblumenkernen und Leinsamen vermischen (Kochlöffel), Teig sofort in die vorbereitete Form füllen, mit einem Messer einen Längs-schnitt durch den Teig ziehen, damit die Kruste gleichmäßig aufbricht. Brot in das <u>kalte</u> Backrohr stellen, Rohr auf 200 °C (OUH) einschalten und Brot darin ca. 60 Minuten backen. Brot aus der Form nehmen und eventuell noch 10 Minuten nachbacken lassen.

Zutaten

600 g Dinkelvollmehl
400 g Weizenvollmehl
42 g Germ
100 g Sonnenblumen-kerne
100 g Leinsamen
1,5 EL Salz
1 EL Honig
900 ml Wasser, lauwarm

✗ Hinweis

Wer keine große Kastenform hat, kann auch zwei kleine Formen verwenden oder etwas Teig in eine viereckige Form streichen. Anstatt der Körner kann man auch Früchtemüsli unter den Teig mischen. Diese Variante ist bei Kindern sehr beliebt!

✗ Tipp

Der Teig ist sehr weich in der Führung, daher arbeitet man am besten mit einem Kochlöffel!

weicheren Teig verkneten. Teig zudecken und an einem warmen Ort zu doppeltem Volumen aufgehen lassen. Teig auf einer leicht bemehlten Arbeitsfläche nochmals durchkneten. Teig teilen, Brote formen und auf das vorbereitete Blech setzen. Backrohr auf 200 °C (OUH) vorheizen, Brot mit Wasser besprühen und bei 200 °C ca. 55 Minuten backen.

Apfelessig-Brot
– g'sund und g'schmackig

Zutaten

150 g Dinkelvollmehl
200 g Dinkelmehl
150 g Buchweizenmehl
2 TL Salz
5 EL Apfelessig
42 g Germ
ca. 300 ml Wasser, lauwarm
30 g Leinsamen
30 g Sonnenblumenkerne
30 g Sesam

Leinsamen, Sonnenblumenkerne oder Sesam zum Bestreuen

 Tipp
Das Brot bereits 10 Minuten vor Ende der Backzeit aus der Kastenform geben und ohne Form fertig backen!

Zubereitung

Germ in etwas Wasser auflösen und mit den anderen Zutaten zu einem eher weicheren Teig verkneten. Teig zudecken und 45 Minuten an einem warmen Ort gehen lassen. Kastenform mit Backpapier auslegen, Teig nochmals kurz durchkneten, in die Form füllen und zugedeckt nochmals 30 Minuten rasten lassen. Backrohr auf 210 °C (OUH) vorheizen, Teig mit Wasser bestreichen, mit Körnern bestreuen und bei 210 °C ca. 20 Minuten anbacken. Hitze auf 180 °C reduzieren und weitere 50 Minuten fertig backen.

Dosenbrot

Zutaten

400 g Weizenvollmehl
200 g Weizenmehl, glatt
2 TL Salz, 20 g Germ
20 g Butter, sehr weich
100 ml Sauerrahm, zimmerwarm
350 ml Milch, lauwarm
je 1 TL Koriander, Kümmel, Anis und Fenchelsamen

Zubereitung

Trockene Zutaten in einer Rührschüssel vermischen, Germ in etwas Milch auflösen; mit den restlichen Zutaten zum Mehl geben. Einen weichen Germteig abkneten, mit Mehl bestauben; zugedeckt ca. 1 Stunde ruhen lassen. Von 2 Konservendosen Boden und Deckel abschneiden, das Innenleben mit Backpapier auskleiden. Backrohr auf 200 °C (OUH) vorheizen, Teig nochmals gut

Edelweißer

Zubereitung

Wasser, Honig und Milch verrühren, Germ hineinbröseln und darin auflösen. Butter, Salz und Mehl dazugeben und alles mit der Küchenmaschine auf niedriger Stufe zu einem weichen Teig verkneten. Teig gut zudecken und zu doppeltem Volumen aufgehen lassen. Teig auf der Arbeitsfläche nochmals zusammenschlagen (Teigspachtel verwenden!).

Backrohr auf 250 °C (OUH) vorheizen, Kastenform mit Backpapier auslegen, einen länglichen Wecken formen, in die Kastenform legen und zugedeckt 45 Minuten rasten lassen. Brot mit etwas gewässerter Milch bestreichen und ca. 30 Minuten backen (sobald man das Brot ins Rohr gegeben hat, Hitze auf 200 °C reduzieren).

Zutaten

20 g Germ
10 g Salz, 1 EL Honig
10 g Butter, weich
50 g Milch
300 g Wasser
500 g Weizenmehl, universal

Milch und Wasser zum Bestreichen

 Tipp
Bei diesem Brot alle Zutaten abwiegen! Die Flüssigkeiten eher kalt als zu warm verwenden. Dieser Teig ist weich in der Führung, jedoch sollte kein weiteres Mehl dazugegeben werden! Nur so erzielt man einen flaumigen Edelweißen!

durchkneten, eventuell teilen und in die vorbereiteten Dosen füllen. Dosen auf das vorbereitete Blech stellen, zudecken; nochmals 30 Minuten rasten lassen. Brot bei 200 °C ca. 45 Minuten backen, sofort aus den Dosen heben und auf einem Gitter abkühlen lassen.

 Tipp
Man kann das Brot auch in einer Kastenform backen – dann das Brot 10 Minuten vor Ende der Backzeit aus der Form lösen und ohne Form fertig backen.

Franzosenkasten

Zubereitung

Weizenmehl mit Salz vermischen, in der Mitte eine Grube machen, Germ darin zerbröseln, mit Zucker und etwas Wasser anrühren, zudecken und ca. 20 Minuten gehen lassen. Öl und restliches Wasser zugeben und alles zu einem seidig-glänzenden Teig abkneten. Teig zudecken und 1 Stunde ruhen lassen. Die Kastenform befetten und bemehlen. Den Teig nochmals gut durchkneten, in die Kastenform füllen, weitere 30 Minuten ruhen lassen, dann ca. 25 Minuten bei 200 °C backen.

Zutaten

500 g Weizenmehl, glatt
1 Würfel Germ, 60 ml Öl
1 EL Zucker, 1 TL Salz
250 ml Wasser (lauwarm)

 Tipp für Pizza

Den gegangenen Teig mit etwas Mehl durchkneten, auf gefettetem oder bemehltem Backblech ausrollen, beliebig belegen; im vorgeheizten Backrohr bei 220 °C 25 Minuten backen.

Geh-Nuss-Wecken

Zutaten

50 g Walnüsse, grob gehackt
100 g Karotten, fein geraspelt

200 g Weizenmehl, glatt
100 g Dinkelmehl
200 g Weizenvollmehl
35 g Germ, 1 Ei
je 1/8 l Milch und Wasser, lauwarm
1 EL Salz

Zubereitung

Milch und Wasser verrühren und Germ darin auflösen. Mehle und Salz vermischen und das Milchgemisch zugeben. Ei, Nüsse und Karotten daruntermengen und gut durchkneten. Teig zugedeckt zu doppeltem Volumen aufgehen lassen. Brotteig nochmals gut durchkneten und zwei längliche Brote daraus formen. Brote auf das vorbereitete Backblech legen und zugedeckt nochmals gehen lassen. Backrohr auf 180 °C (OUH) vorheizen, Brot mit Wasser besprühen und bei 180 °C ca. 30 Minuten backen.

Zutaten

100 ml Wasser, lauwarm
42 g Germ

500 g Weizenvollmehl
250 g Dinkelvollmehl
300 g Roggenmehl
100 g Hirseflocken
3 KL Salz
3 EL Brotgewürz
2 EL Kümmel, ganz
100 g Kürbiskerne, ge-
schrotet
300 ml Sauermilch, zim-
merwarm
400 ml Wasser

Gesundheits-brot

Zubereitung

Germ im Wasser auflösen, zudecken und 10 Minuten stehen lassen. Die trockenen Zutaten in einer Rühr-schüssel vermischen, Germgemisch und Flüssigkeiten zugeben, gut durch-kneten und einen kompakten Brotteig herstellen. Teig mit einem feuchten Tuch zudecken und an einem warmen Ort ca. 2 Stunden gehen lassen. Teig auf einer bemehlten Fläche nochmals durchkneten, teilen und Laibe daraus formen.

Brote auf das vorbereitete Blech set-zen und zugedeckt nochmals etwa 30 Minuten rasten lassen. Backrohr auf 220 °C (OUH) vorheizen, Brot mit etwas Sauermilch be-streichen, mit einer Gabel einstechen und bei 220 °C 15 Minuten anbacken. Hitze auf 180 °C reduzieren und weitere 50 Minuten fertig backen.

Gute-Laune-Brot

Zutaten

400 g Dinkelvollmehl
300 g Weizenbrotmehl
300 g Roggenmehl
1 EL Koriander, ganz
2 EL Kümmel, ganz
2 EL Salz
1 EL Gerstenmalzsirup
42 g Germ
200 ml Kaffee, lauwarm
400 ml Wasser, lauwarm

Zubereitung

Germ und Malzsirup mit etwas Wasser glatt rühren, zusammen mit den restlichen Zutaten zu einem weichen Brotteig kneten. Teig zudecken und ca. 1,5 Stunden ruhen lassen. Teig auf einer Arbeitsfläche gut durchkneten, Brote daraus formen und diese zugedeckt nochmals 30 Minuten gehen lassen. Backrohr auf 220 °C (OUH) vorheizen, Brote auf das vorbereitete Blech setzen und bei 220 °C ca. 15 Minuten anbacken. Hitze auf 190 °C reduzieren und Brot ca. 35 Minuten fertig backen.

 Hinweis

Man kann je nach Geschmack mit den Gewürzen variieren und erzielt so immer wieder eine neue Sorte Brot. Sehr gut schmeckt es auch, wenn man Sonnenblumenkerne oder andere Körner unter den Teig knetet. Anstatt der 42 g Frischgerm können auch 2 Pkg. Trockengerm verwendet werden.

Halbmondstange

Zutaten

500 Weizenmehl, glatt
42 g Germ, 1 TL Zucker, 2 TL Salz
250 ml Milch, lauwarm
50 g Butter, weich; 1 EL Anissamen

Zubereitung

Germ und Zucker glatt rühren, etwas Milc zugeben, 15 Minuten rasten lassen (Damp Mehl und Gewürze vermischen. Butter, Dampfl und restliche Milch zugeben, zu e nem glatten Teig verkneten. Teig zudecke 45 Minuten gehen lassen. Kastenform mi Backpapier auslegen, Teig auf leicht bemehlter Arbeitsfläche fingerdick ausrollen und mit einem Glas Kreise (ca. 8 cm Ø) ausstechen. Teigscheiben halbmondförmi zusammenklappen, mit der geraden Seite nach unten in die Form setzen und zugedeckt ca. 30 Minuten gehen lassen. Backofen auf 180 °C (OUH) vorheizen und Bro darin ca. 35 Minuten goldbraun backen.

Zubereitung

Leinsamen mit kochendem Wasser übergießen, bis die Körner vollständig bedeckt sind; über Nacht quellen lassen. Germ mit etwas lauwarmer Milch verrühren, Mehle und Gewürze vermischen, Germgemisch, Buttermilch und Leinsamen zugeben; zu einem geschmeidigen Teig abkneten. Teig zugedeckt an einem warmen Ort 1 Stunde rasten lassen. Teig durchkneten, Brote formen, auf das vorbereitete Blech legen, zudecken, 30 Minuten rasten lassen. Backrohr auf 200 °C (OUH) vorheizen, Brot mit Wasser besprühen, mit einer Gabel mehrmals einstechen; bei 200 °C 45 Minuten backen.

Kraftlackel

Zutaten

100 g Leinsamen
500 g Weizenbrotmehl
250 g Roggenmehl
15 g Salz
200 ml Milch, lauwarm
30 g Germ
200 ml Buttermilch, zimmerwarm
je 1 KL Koriander und Kümmel, gemahlen

Landbrot „Bawi"

Zutaten

450 g Weizenmehl, glatt
450 g Roggenmehl
2 EL Salz
1 Pkg. Brotgewürz
3 Pkg. Trockengerm
500 ml Wasser, lauwarm

Zubereitung

Mehle, Salz, Brotgewürz und Trockengerm miteinander vermischen, lauwarmes Wasser dazugeben und einen mittelfesten Germteig abschlagen. Teig zudecken und ca. 1 Stunde gehen lassen. Brotteig nochmals durchkneten, zwei Laibe daraus formen und auf das vorbereitete Blech legen.
Teig zugedeckt 30 Minuten gehen lassen. Backrohr auf 195 °C (OUH) vorheizen, Brote mit einem scharfen Messer tief einschneiden und bei 195 °C ca. 45 Minuten backen.

Longoriella
Mexikanisches Maisbrot

Zutaten

350 g Weizenmehl, glatt
20 g Germ, 1 KL Kristallzucker
75 ml Wasser, lauwarm
150 g Maismehl, 2 TL Salz
300 ml Wasser, lauwarm

Zubereitung

Germ mit Zucker glatt rühren, mit etwas Wasser verrühren und kurz stehen lassen (= Dampfl). Weizen- und Maismehl sowie Salz vermischen, Dampfl und restliches Wasser zugeben und einen geschmeidigen Teig kneten; zugedeckt an einem warmen Ort ca. 1 Stunde gehen lassen, Kastenform mit Backpapier auslegen. Backrohr auf 220 °C (OUH) vorheizen, Teig auf der Arbeitsfläche sehr gut durchkneten, in die vorbereitete Form geben und zugedeckt 30 Minuten gehen lassen. Teigoberfläche mit wenig Wasser bestreichen, mit etwas Mehl bestauben und bei 220 °C ca. 25 Minuten backen.

 Tipp
Das Brot schmeckt sowohl mit pikanten Aufstrichen, Schinken, Käse, aber auch mit Butter und Marmelade.

Zubereitung

Flocken grob mahlen und mit Mehl und Salz vermischen. Germ darüberbröseln und mit Wasser einen weichen Germteig herstellen (Teig eher weich halten, da die Flocken noch aufquellen). Teig zudecken und 1 Stunde rasten lassen. Teig nochmals gut durchkneten, Brote daraus formen und diese auf das vorbereitete Blech setzen. Brot zudecken und 30 Minuten rasten lassen. Backrohr auf 230 °C (OUH) vorheizen, Brot mit Wasser besprühen, mit einer Gabel einstechen und dick mit Haferflocken bestreuen. Brot bei 230 °C 10 Minuten anbacken, Hitze auf 200 °C reduzieren und weitere 35 Minuten fertig backen.

Zutaten

200 g Weizenvollmehl
100 g Hafer- oder Dinkelflocken
200 g Weizenmehl, glatt
10 g Germ
13 g Salz
350 ml Wasser, lauwarm
Haferflocken zum Bestreuen

Magenfreund

 Tipp

Wenn man unter den Teig einige getrocknete, klein gehackte Marillen, Rosinen oder Nüsse mischt, hat man ganz einfach ein feines Müslibrot!

Zutaten

300 g Weizenmehl, glatt; 150 g Dinkelmehl
130 g Kürbiskerne, grob gehackt; 250 ml Wasser
42 g Germ, 100 g Topfen; 4 EL Kürbiskernöl
1 EL Butter, 1 EL Salz, 1 EL Honig

Zubereitung

Mehle, Kürbiskerne und Salz vermischen; in der Mitte eine Grube machen, Germ hineinbröseln, mit Honig und etwas Wasser anrühren; 20 Minuten gehen lassen (= Dampfl). Restliche Zutaten zugeben, zu einem mittelfesten Germteig abschlagen und zugedeckt ca. 1 Stunde gehen lassen. Brotteig nochmals gut durchkneten, Brote formen, auf das vorbereitete Blech setzen und zugedeckt 30 Minuten gehen lassen. Backrohr auf 180 °C (OUH) vorheizen, Brot mit Wasser bestreichen, mit Kürbiskernen bestreuen und bei 180 °C ca. 45 Minuten backen.

Mariazeller Wecken

Männerbrot

Zutaten

500 g Roggenmehl
500 g Weizenmehl, griffig
1 EL Salz
1 EL Brotgewürz
12 g Germ
125 ml Kernöl
ca. 500 ml Wasser

Zubereitung

Germ in etwas Wasser auflösen und 15 Minuten stehen lassen. Mehle, Salz und Brotgewürz vermischen. Öl, Wasser und Germgemisch zum Mehl geben und einen mittelfesten Germteig abkneten (ev. mehr Wasser zugeben). Teig zudecken und ca. 1,5 Stunden rasten lassen. Teig nochmals kurz durchkneten, teilen und Brote daraus formen. Gebäck auf das vorbereitete Blech setzen, mit Milch bestreichen und mit Kürbiskernen bestreuen. Brot zudecken und nochmals kurz rasten lassen, Backrohr auf 200 °C (OUH) vorheizen und Gebäck darin 45 Minuten backen.

Pallas-Athene-Brot

Zutaten

18 g Germ, 12 g Salz
350 g Weizenmehl, glatt
80 g Weizenvollmehl
80 g Maismehl
1 TL Essig, 1 TL Honig
1 EL Olivenöl
300 ml Wasser, lauwarm
Milch zum Bestreichen
Sesam zum Bestreuen

Zubereitung

Alle Zutaten (außer Wasser) in einer Rührschüssel vermischen, Wasser langsam dazugießen und mit dem Knethaken der Küchenmaschine zu einem geschmeidigen Teig verkneten. Teig zugedeckt zu doppeltem Volumen aufgehen lassen. Teig auf einer leicht bemehlten Arbeitsfläche kurz durchkneten, gleich große Teigstücke abschneiden, längliche Brote daraus formen und diese etwas flach drücken. Teiglinge dicht nebeneinander auf das vorbereitete Blech setzen und zugedeckt 30 Minuten gehen lassen. Backrohr auf 220 °C (OUH) vorheizen. Gebäck mit Milch bestreichen, mit Sesam bestreuen und bei 220 °C ca. 40 Minuten backen.

Oma's Rosinenbrot

Zubereitung

Rosinen in Rum einweichen, gut ziehen lassen. Mehle, Koriander und Salz vermischen und in der Mitte eine Grube machen. Germ hineinbröseln, mit Zucker und Milch glatt rühren, mit etwas Mehl vom Schüsselrand vermischen und zugedeckt 15 Minuten rasten lassen (= Dampfl). Wasser langsam dazugießen und einen eher weichen Germteig herstellen. Teig gut durchkneten, zudecken und 40 Minuten rasten lassen. Brotteig auf einer bemehlten Arbeitsfläche durchkneten und dabei die Rosinen einarbeiten. Teig zudecken, nochmals 40 Minuten aufgehen lassen. Teig durchkneten, Brote formen und auf das vorbereitete Blech legen, Brote zudecken und 15 Minuten gehen lassen, Backrohr auf 200 °C (OUH) vorheizen, Brot mit Wasser bestreichen und bei 200 °C ca. 45 Minuten backen.

Zutaten

42 g Germ
5 EL Rohrzucker
3 EL Milch, lauwarm
500 g Weizenmehl, glatt
500 g Roggenmehl
1 EL Salz
1 KL Koriander, ganz
600 ml Wasser, lauwarm
Rosinen nach Geschmack
Rum

Zubereitung

Wasser mit Salz verrühren, mit den restlichen Zutaten mindestens 5 Minuten zu einem geschmeidigen Teig verkneten; in eine große, bemehlte Schüssel legen, Deckel darauf drücken und für ca. 12 Stunden in den Kühlschrank stellen.

Backrohr auf 240 °C (OUH) vorheizen, Teig erst dann aus dem Kühlschrank nehmen (er sollte mindestens zu doppeltem Volumen aufgegangen sein), auf ein bemehltes Nudelbrett stürzen (nicht mehr kneten!), mit einer Teigspachtel in 3 Teile teilen und jeden Teigstrang etwa 2 x eindrehen. Brote auf das vorbereitete Blech legen und sofort im vorgeheizten Rohr bei 240 °C 15 Minuten anbacken, Temperatur auf 220 °C reduzieren und ca. 20 Minuten fertig backen.

Zutaten

500 g Dinkel- oder Weizenmehl, glatt
300 ml Wasser, eiskalt
10 g Germ
1 EL Salz; 1 Prise Zucker

Reschling

Schatzberg-Loabl

Zutaten

400 g Dinkelmehl
450 g Weizenmehl, glatt
20 g Germ, 1 EL Honig
15 g Salz
600 ml Wasser, lauwarm

 Hinweis

Das Schatzberg-Loabl ist ein helles Mischbrot, welches man je nach Geschmack würzen kann (Koriander, Fenchel, …).

Zubereitung

Mehle mischen und in die Mitte eine Vertiefung eindrücken. Germ mit Honig und etwas lauwarmem Wasser verrühren und in die Vertiefung gießen, mit ein wenig Mehl vom Rand her bedecken und das Dampfl 20 Minuten rasten lassen. Salz und Wasser zugeben, einen kompakten Brotteig kneten und zugedeckt 1,5 Stunden ruhen lassen. Teig nochmals gut durchkneten und zu einem runden Laib formen. Brot auf das vorbereitete Blech legen, zudecken und 30 Minuten ruhen lassen.

Brot gut mit Wasser bestreichen und kreuzförmig einschneiden. Backrohr auf 230 °C (OUH) vorheizen und Brot darin ca. 15 Minuten anbacken. Temperatur auf 180 °C zurückschalten und 45 Minuten fertig backen.

Schusterlaib

Zutaten

700 g Roggenmehl
300 g Weizenvollmehl
20 g Germ
1 EL Honig
1/8 l Wasser (lauwarm)
1,5 EL Salz
je 1 EL gemahlener Kümmel, Koriander, Fenchel
500 ml Wasser (lauwarm)

Zubereitung

Beide Mehle vermischen, in der Mitte eine Mulde machen, Germ hineinbröseln, Honig und Wasser dazugeben und gut verrühren, bis der Germ aufgelöst ist. Mit etwas Mehl bestauben und zugedeckt gehen lassen. Salz, Gewürze und Wasser zugeben und alles zu einem glatten Germteig abkneten. Gegebenenfalls noch etwas Wasser zugeben. Den Teig in eine mit Mehl

Sesemanns Liebling

sgestaubte Schüssel geben und mit
nem feuchten Tuch abdecken. Den
ig ca. 1 Stunde an einem warmen
t gehen lassen. Den Teig nochmals
rchkneten, Laibe oder Wecken
rmen und auf das Blech legen. Das
ot nochmals ca. 30 Minuten gehen
ssen; inzwischen das Backrohr auf
0 °C vorheizen. Das Brot mit Was-
r bepinseln, Muster einritzen, im
ackrohr auf unterster Schiene 1 Stun-
 backen – nach halber Backzeit die
mperatur auf 200 °C reduzieren.

Tipp

Als Abwandlung der Teigflüssigkeit
kann lauwarme Milch, Buttermilch
oder Malzkaffee verwendet werden. Während der Backzeit ein
Gefäß mit heißem Wasser ins
Rohr stellen. Fertig gebackenes
Brot mit Butter bestreichen.

Zubereitung

Germ und Zucker mit etwas Wasser verrühren, zugedeckt gehen lassen (= Dampfl).
Restliche Zutaten mit dem Dampfl gut
verrühren und einen geschmeidigen Teig
abkneten.
Teig zudecken und an einem warmen Ort
zu doppeltem Volumen aufgehen lassen.
Teig nochmals durchkneten und zu einem
Laib oder Wecken formen.
Brot auf das vorbereitete Backblech legen
und nochmals zugedeckt gehen lassen.
Backrohr auf 210 °C (OUH) vorheizen, Brot
mit Buttermilch bestreichen, mit Sesam
bestreuen und bei 210 °C ca. 20 Minuten
anbacken. Hitze auf 180 °C reduzieren und
Brot weitere 50 Minuten fertig backen.

Zutaten

200 g Dinkelvollmehl
300 g Dinkelmehl
3 EL Sesam
30 g Germ
1 EL Rohrzucker
250 ml Buttermilch
12 g Salz
1 EL Koriander, gemahlen
125 ml Wasser, lauwarm

Buttermilch zum Be-
streichen
Sesam zum Bestreuen

Zutaten

200 g Kürbis (Hokkaido)
1 Apfel, 2 EL Zitronensaft
1 KL Zimtpulver
1 Msp. Nelkenpulver
35 g Germ, 1 EL Honig
125 ml Wasser, lauwarm
500 g Weizenvollmehl
150 g Weizenmehl, glatt
100 g Dinkelvollmehl
50 g Weizenkleie
60 g Nüsse, gerieben
2 TL Salz
150 g Butter- oder Sauer- milch

Zubereitung

Kürbisfleisch und Apfel grob raspeln, mit Zitronensaft, Zimtpulver und Nelkenpulver vermischen. Germ und Honig im Wasser auflösen und mit etwas Mehl verrühren (= Dampfl), 20 Minuten rasten lassen. Mehle, Weizenkleie und Nüsse vermischen, Dampfl, Kürbisgemisch, Salz und Buttermilch zugeben und mit der Küchenmaschine ca. 5 Minuten kneten. Teig zugedeckt ca. 45 Minuten gehen lassen. Kastenform mit Backpapier auslegen, Backrohr auf 210 °C (OUH) vorheizen, Teig mit etwas Mehl nochmals gut durchkneten, in die Kastenform füllen und 20 Minuten ruhen lassen. Brot einschneiden; bei 210 °C ca. 55 Minuten backen.

X Tipp

Dem eher weichen Teig nicht mehr allzu viel Mehl zugeben. Die Mischung von Kürbis und Apfel gibt dem Brot einen ganz besonderen, sehr guten Geschmack.

Sissis Kürbis-Apfel-Köstlichkeit

Tigerbrot

Zubereitung

Aus den Zutaten einen geschmeidigen Germteig abkneten, zudecken, an einem warmen Ort zu doppeltem Volumen aufgehen lassen. Zutaten für die Paste vermischen, gut 15 Minuten rasten lassen (eventuell Wasser zusetzen, damit eine geschmeidige Paste entsteht). Brotteig nochmals gut durchkneten, Laibe oder Weckerln formen, auf das Blech legen. Brot rundum mit der Paste bestreichen und 20 Minuten rasten lassen, Backrohr auf 240 °C (OUH) vorheizen, Brot 10 Minuten anbacken, Hitze auf 200 °C reduzieren und 20 Minuten fertig backen.

Tipp

Damit die Oberfläche schön aufreißt, das Brot mit viel Wasserdampf anbacken. Dafür am besten das Backpapier vorher mit etwas Wasser bestreichen und zusätzlich ein Gefäß mit Wasser auf den Herdboden stellen. Nach ca. 5 Minuten den Dampf kurz entweichen lassen und Backrohrtür sofort wieder schließen. Reismehl ist im Reformhaus erhältlich oder man kann selber weißen Reis mit der Getreidemühle sehr fein mahlen.

Zutaten

Brotteig:
500 g Weizenmehl, griffig
2 TL Salz
2 TL Trockengerm
2 EL Öl
1 TL Zucker
300 ml Wasser, lauwarm

Tigerpaste:
3 g Trockengerm
65 ml Wasser, lauwarm
1 EL Zucker
1 EL Öl
60 g Reismehl

Topfengewürzbrot

Zutaten

100 ml Wasser, lauwarm
30 g Germ
1 EL Honig
70 g Weizenvollmehl

250 g Dinkelmehl
200 g Roggenvollmehl
180 g Weizenvollmehl
250 ml Wasser
je 1 EL Salz, Koriander,
Kümmel und Fenchelsamen
250 g Topfen

Zubereitung

Germ, Honig und Wasser glatt rühren und mit etwas Mehl ein Dampfl herstellen. Dampfl zudecken und 20 Minuten rasten lassen. Mehle, Gewürze und Topfen vermischen, aufgegangenes Dampfl und Wasser zugeben und einen mittelfesten Brotteig abkneten. Teig zudecken und 1 Stunde rasten lassen. Teig nochmals gut durchkneten, teilen und Brote daraus formen. Gebäck zudecken und nochmals 30 Minuten gehen lassen. Backrohr auf 220° C (OUH) vorheizen, Brot auf das vorbereitete Blech setzen, mit Wasser besprühen und mit einer Gabel einstechen. Brot bei 220 °C ca. 15 Minuten anbacken, Hitze auf 190 °C reduzieren und weitere 40 Minuten backen.

Wanderwecken

Zutaten

100 g Leinsamen
500 g Weizenbrotmehl
250 g Roggenmehl
15 g Salz
200 ml Milch, lauwarm
30 g Germ
200 ml Buttermilch, zimmerwarm
1 KL Koriander, gemahlen
1 KL Kümmel, gemahlen

Zubereitung

Leinsamen mit kochendem Wasser vollständig übergießen und über Nacht quellen lassen. Germ mit etwas lauwarmer Milch glatt rühren, Mehle und Gewürze vermischen, Germgemisch, Buttermilch und Leinsamen zugeben, zu einem geschmeidigen Teig abkneten. Teig zudecken; an einem warmen Ort 50 Minuten rasten lassen. Teig nochmals durchkneten, Laibe oder Wecken formen, auf das vorbereitete Backblech legen. Brot zudecken und nochmals 20 Minuten rasten lassen. Backrohr auf 200 °C (OUH) vorheizen, Brot mit Wasser besprühen, mit einer Gabel mehrmals einstechen und bei 200 °C ca. 45 Minuten backen.

Zutaten

1 kg Roggenmehl
1 kg Weizenmehl, glatt
1 Würfel Germ
1 Pkg. Brotgewürz
2 EL Salz
1 Tasse Kaffee, lauwarm
750 ml Wasser, lauwarm

Zubereitung

Beide Mehle, Salz und Brotgewürz vermischen und in der Mitte eine Grube machen; Germ hineinbröseln, mit etwas Wasser anrühren und zugedeckt 25 Minuten gehen lassen. Restliches Wasser und Kaffee zugeben und einen mittelfesten Germteig abschlagen; ca. 1 Stunde zugedeckt gehen lassen und nochmals gut durchkneten. Laibe formen, auf das ausgelegte Blech setzen und weitere 15 Minuten gehen lassen.

Das Brot mit Wasser bestreichen und mit einer Gabel einstechen; im vorgeheizten Backrohr bei 220 °C ca. 20 Minuten backen, dann Hitze auf 200 °C reduzieren und weitere 45 Minuten backen.

Weizen-Roggeler

Zirkuskasten

Zutaten

150 g Fünfkorn-Flockenmischung
600 g Weizenmehl, glatt
21 g Germ, 20 g Butter
150 ml Milch, lauwarm
210 ml Buttermilch, zimmerwarm
10 g Salz, 5 g Zucker

Zubereitung

Flocken mit kochendem Wasser übergießen, bis sie komplett bedeckt sind;
über Nacht quellen lassen (= Quellstück). Kastenform mit Backpapier
auslegen. Mehl, Salz, Zucker, Butter
und Quellstück in einer Schüssel vermischen und Germ darüberbröseln,
lauwarme Milch und Buttermilch dazugießen, mit dem Knethaken der Küchenmaschine 10 Minuten zu einem
kompakten Teig verkneten. Teig in die
vorbereitete Form geben; an einem
warmen Ort 45 Minuten gehen lassen.
Backrohr auf 220 °C (OUH) vorheizen
und Brot darin 5 Minuten anbacken,
Temperatur auf 180 °C reduzieren und
ca. 50 Minuten fertig backen.

 Tipp

Man kann 300 g Weizenmehl
durch Dinkelvollmehl ersetzen.
Die Flockenmischung kann man
auch selber herstellen, indem man
Weizen-, Roggen-, Hafer-, Dinkel-
und Gerstenflocken zu gleichen
Teilen miteinander vermischt.
In der Adventzeit schmeckt dieses
Brot sehr gut, wenn man je eine
Prise Kardamon und Zimtpulver
untermischt.

Zeile

Zutaten

18 g Salz
100 ml Wasser, kalt
12 g Germ
750 g Weizenmehl,
universal
250 g Weizenmehl,
griffig
2 EL Honig
20 g Maizena
60 g Butter, weich
2 EL Gerstenmalz-
sirup oder Honig
500 ml Milch, kalt
Milch und Wasser
zum Bestreichen

Zubereitung

Salz, Wasser und Germ gut
verrühren und 12 Stunden stehen lassen. Mehle, Maizena
und Malzsirup zum Germansatz
geben, die kalte Milch ebenfalls
zugeben. Teig leicht durchkneten
und dann erst die weiche Butter
zugeben. Teig mit der Küchenmaschine ca. 10 Minuten
zu einem mittelfesten Teig verkneten (Achtung: Der Teig klebt
leicht, aber auf keinen Fall mehr
Mehl zugeben!). Teig mit einem
feuchten Tuch abdecken und
ca. 2 Stunden gehen lassen.

Teig auf einer leicht bemehlten
Arbeitsfläche kurz zusammen-
kneten und in gleich schwere
Portionen (ca. 80 g) teilen.
Gebäck zu Brötchen schleifen
und diese eng aneinanderliegend auf das Blech setzen.
Brötchen mit gewässerter
Milch bestreichen, zudecken
und nochmals gehen lassen.
Backrohr auf 200 °C (OUH)
vorheizen und Zeile darin ca.
10 Minuten anbacken, Hitze
auf 175 °C reduzieren und ca.
30 Minuten fertig backen.

Brote mit Sauerteig

Sauerteigherstellung

Brote mit Sauerteig sind herrlich deftig und würzig. Das Backen mit Sauerteig ist überhaupt nicht schwierig – nur etwas Zeit braucht es. Bei meinen Rezepten führe ich zur Vorsicht immer etwas Germ an, damit das Brot auch aufgeht. Wichtig ist, dass der Sauerteigansatz ein paar Tage an einem gleichmäßig warmen Ort steht. Prinzipiell benötigt man für die Herstellung von Sauerteig nur Wasser und Mehl. Im Folgenden beschreibe ich den Vorgang mit Roggenmehl, es eignet sich aber auch Weizenbrotmehl (Type 1600) oder ein Dinkelmehl mit hoher Type sehr gut.

Es ist einfach, einen Grundsauerteig anzusetzen:

1. Schritt:

100 g Roggenmehl mit 150 ml lauwarmem Wasser zu einem Brei verrühren.

Mit einem sauberen Tuch bedecken und bei ca. 20 °C–25 °C 24 Stunden stehen lassen (nach 12 Stunden mit einem Holzlöffel durchrühren).

2. Schritt:

Wenn der Brei locker ist und sich Bläschen gebildet haben, weitere 100 g Roggenmehl und 100 ml lauwarmes Wasser unterrühren, zudecken und wieder 24 Stunden stehen lassen (nach 12 Stunden mit einem Holzlöffel durchrühren).

3. Schritt:

200 g Roggenmehl und 200 ml lauwarmes Wasser mit einem Kochlöffel unterrühren und nochmals zugedeckt 24 Stunden ruhen lassen (nach 12 Stunden mit einem Holzlöffel durchrühren).

4. Schritt:

Jetzt ist der Sauerteig fertig (wenn er blasig aufgegangen ist und leicht säuerlich riecht, ist er gelungen). Nun nehmen Sie die im Rezept angegebene Menge von dem Sauerteig weg, arbeiten vorschriftsmäßig weiter, und den Rest (= Anstellgut) bewahren Sie auf.

WICHTIG!
Wenn man den Sauerteig weitere 24 Stunden stehen lässt, unbedingt mit 100 g Mehl und 100 ml lauwarmem Wasser füttern. Nur so können sich die Zuchtbakterien optimal entwickeln und nach 12 Stunden kräftig durchschlagen!

Brote mit Sauerteig

Sauerteigansatz (= Anstellgut) backfähig machen:
Je öfter man mit Sauerteig bäckt, umso besser und triebfähiger wird er. Wenn Sie öfter ein Sauerteigbrot backen wollen, müssen Sie aber nicht jedes Mal neuen Sauerteig ansetzen, sondern können das Anstellgut ganz einfach backfähig machen:

EINSTUFENFÜHRUNG

Am Vorabend des Brotbacktages 50 g Sauerteigansatz, 250 g Mehl und 250 g Wasser verrühren, zudecken und bei Zimmertemperatur ca. 16 Stunden stehen lassen (ergibt 500 g Sauerteig). Die im alten Sauerteig enthaltenen Milchsäurebakterien schaffen den Säuerungsprozess in kürzester Zeit. Nicht vergessen: vor der Weiterverarbeitung davon wieder ca. 50 g Ansatz wegnehmen und aufbewahren.

DREISTUFENFÜHRUNG

Es ist auch möglich, den Sauerteigansatz in drei Stufen backfähig zu machen; dies hat den Vorteil, dass eine größere Sauerteigmenge entsteht:

1. Stufe:

50–100 g Anstellgut (aus dem Kühlschrank), 100 g Mehl und 100 ml lauwarmes Wasser zu einem weichen Teig verrühren und ca. 8 Stunden bei Zimmertemperatur zugedeckt rasten lassen.

2. Stufe:

100 g Mehl und 100 ml lauwarmes Wasser dazugeben, gut durchrühren und diesen weichen Teig ca. 6 Stunden bei Zimmertemperatur rasten lassen.

3. Stufe:

100 g Mehl und 100 ml lauwarmes Wasser zugeben, wieder zu einem weichen Teig verrühren und nochmals ca. 3 Stunden rasten lassen.

Jetzt ist der Sauerteig backfähig. Davon wieder 100 g wegnehmen, in ein Schraubglas füllen und bis zum nächsten Brotbacken im Kühlschrank aufbewahren.

AUFBEWAHRUNG

Den Rest (= Sauerteigansatz) vermischt man mit etwas Roggenmehl und bewahrt ihn in einem Schraubglas auf. Im Kühlschrank hält er sich dort bis zu drei Monaten. Sollte sich an der Oberfläche Wasser absetzen, etwas Mehl darauf streuen, das der Teig gern „verspeist".
Alternativ dazu kann man den Sauerteig auch einfrieren. Bei Bedarf vorher bei Zimmertemperatur auftauen lassen und wie gewohnt mit Wasser und Roggenmehl ansetzen.
Ich persönlich bevorzuge diese Herstellung von Sauerteig. Alternativ dazu führe ich noch weitere Varianten an. Welche Variante man wählt, ist jedem selber überlassen.

WEITERE VARIANTEN DER SAUERTEIGHERSTELLUNG

Variante 1

Die einfachste und schnellste Methode ist, einen fertigen Sauerteig beim Bäcker zu kaufen. Man kann auch einen Ansatz im Naturkostladen kaufen (flüssige oder pulverisierte Form). Am Vorabend des Brotbackens wird dieser Ansatz mit 150 g Roggenmehl und 150 ml lauwarmem Wasser angerührt und zugedeckt an einen warmen Ort gestellt. Am nächsten Tag wird der leicht blasige Teig mit den anderen Zutaten vermischt.

Weitere Methoden für die Herstellung von Sauerteig:

Variante 2

Wenn man zum ersten Mal ein Brot mit Sauerteig bäckt, ist es am besten, ein Rezept mit Germ zu verwenden. Man bereitet den Teig laut Anleitung zu und nimmt vom fertigen Brotteig 150–200 g weg (nach der Gehzeit). Teig in ein Schraubglas geben, mit Wasser bedecken und in den Kühlschrank stellen. Nach 4–5 Tagen kann man ihn schon als Sauerteig verwenden. Vor Verwendung das Wasser abgießen, die gewünschte Menge entnehmen und laut Rezept vorgehen. Vom fertig gegangenen Brotteig (vor dem Formen) wieder einen Ansatz wegnehmen und in einem Schraubglas aufbewahren.

Variante 3

30 g Sauerteigextrakt, 200 g Roggenmehl, 20 g Germ und ca. 200 ml Wasser gut verrühren und bei Zimmertemperatur mindestens 48 Stunden stehen lassen. Zwischendurch immer wieder gut durchrühren und während dieser Stehzeit mehrmals mit Roggenmehl und warmem Wasser füttern. In dieser Zeit gärt der Sauerteig und macht Blasen. Beim Brotbacken den benötigten Sauerteig wegnehmen. Den restlichen Teig im Kühlschrank aufbewahren und vor dem nächsten Brotbacken wieder mit Roggenmehl und lauwarmem Wasser mehrmals füttern, bis die gewünschte Menge Sauerteig fertig ist (wenn der Sauerteig schon gut reif ist, reichen bereits 24 Stunden, ansonsten 2 Tage). Wenn man das Gefühl hat, dass das Brot zu sauer wird, dann das Füttern des Sauerteiges einfach auf weniger Zeit beschränken.

BACKEN MIT SPEZIAL-BACKFERMENT

Spezial-Backferment ist in Reformhäusern oder auch in Apotheken erhältlich. Ich bin durch eine erfahrene Brotbäckerin aus meiner Umgebung auf dieses Teiglockerungsmittel aufmerksam geworden und mache sehr gern Brot damit. Nachstehend habe ich den Vorgang mit Dinkelmehl beschrieben. Selbstverständlich kann er auch mit Roggen- oder Weizenbrotmehl bzw. Vollmehlen angesetzt werden.

Spezial-Backferment ist ein Teiglockerungsmittel, mit dem jedes Getreide zu leckerem Gebäck verarbeitet werden kann. Das Besondere daran ist, dass es auf der Grundlage von hochwertigem Blütenhonig, biologisch angebauten Erbsen, Weizen und Mais aus spontaner Gärung hergestellt wird. Durch die im Honig vorhandenen Fermente wird das Getreide auf eine besondere Art aufgeschlossen.

Zubereitung des Grundansatzes

Dazu wird ein schmaler, hoher Behälter oder ein entsprechend großes Einmachglas (2–3 Liter) benötigt. Das Gefäß sollte mit einem Deckel oder mit einer Folie abgedeckt werden, damit die Teigoberfläche nicht austrocknet.

1. Stufe:

20 g Backferment in ca. 220 ml Wasser (ca. 40 °C warm) klümpchenfrei auflösen und ein Gemisch aus 100 g Dinkelvollmehl und 100 g Dinkelmehl gut einrühren (der Teig sollte ziemlich weich sein). Dieser Teig muss nun 12–18 Stunden zugedeckt ruhen. Die günstigste Temperatur liegt bei 28 °C–30 °C. Nach dieser Zeit müssen sich Bläschen gebildet haben.

2. Stufe:

70–100 ml Wasser (ca. 40 °C warm), 150 g Dinkelvollmehl und 150 g Dinkelmehl gut unter den Teig rühren und weitere 7–8 Stunden ruhen lassen (günstigste Temperatur 28 °C–30 °C). Ob dies gelungen ist und der Teig „ausgereift" ist, zeigt sich, wenn sich der Grundansatz um das Doppelte vergrößert hat und beim Anstoßen leicht in sich zusammenfällt.

Der Backfermentansatz hält sich in einem Schraubglas (max. 3/4 angefüllt) im Kühlschrank ca. 4 Monate. So hat man immer einen Ansatz zur Verfügung, den man auch sehr gut als Sauerteigansatz verwenden kann. Dies ergibt relativ viel Grundansatz – wer weniger Brot bäckt, kann die obigen Mengen natürlich auch um die Hälfte reduzieren.

Zum Verbacken von 1 kg Mehl benötigt man 10 g Grundansatz (= ca. 1 gehäufter Teelöffel). Anstatt des Grundansatzes kann man auch Sauerteigansatz aus dem Kühlschrank verwenden und dann wie im Rezept beschrieben fortfahren.

Agathenbrot

Zutaten

250 g Roggenmehl
200 g Dinkelvollmehl
250 g Weizenmehl, glatt
1 Pkg. Sauerteigextrakt
15 g Germ
3 TL Salz
1 TL Zucker
3 EL Brotgewürz
100 ml Wasser, kalt
400 ml Kaffee, lauwarm

Zubereitung

Germ mit kaltem Wasser und Salz anrühren und 30 Minuten stehen lassen (= Dampfl), restliche Zutaten zugeben und zu einem mittelfesten Teig verkneten. Teig gut zugedeckt zu doppeltem Volumen aufgehen lassen. Teig auf einer leicht bemehlten Arbeitsfläche nochmals durchkneten und Laibe daraus formen. Brot zudecken und nochmals 30 Minuten rasten lassen. Backrohr auf 240 °C (OUH) vorheizen, Brot gut mit Wasser bestreichen, mit einer Gabel einstechen und bei 250 °C 10 Minuten anbacken. Hitze auf 200 °C reduzieren und weitere 45 Minuten backen.

 Hinweis

Der 5. Februar ist der Tag der hl. Agatha, die im 3. Jahrhundert starb. Die Einwohner von Catania sollen den Lavastrom des Ätna mit einem Schleier vor ihrem Grab aufgehalten haben; daher hilft Agatha bei Bränden und gilt als Patronin der Feuerwehr. Daneben ist sie Schutzheilige bei Brustleiden, Fieber, Hungersnot, Unwetter, Viehseuchen, Erdbeben und Unglück. Ihr zu Ehren wird am 5. Februar das Agatha-Brot zur Weihe in die Kirche gebracht. Manchmal werden die Brotlaibe mit einem Agathazettel versehen, worauf Heilsformeln oder Wünsche angebracht sind:

Heil'ge Agatha, Christi Braut: dies Haus soll sein dir anvertraut!

Schütz es vor Feuer und Brand, und das ganze Vaterland.

Gib uns auch einen heil'gen Sinn, froh für Gott bis zum Tode hin!

Ein Stück des gesegneten Brotes auf Reisen soll gegen Heimweh helfen. Deshalb steckten Mütter ihren Töchtern und Söhnen ein Stückchen ins Gepäck oder nähten es in die Kleidung ein.
Auch auf gutes Wetter sollten wir am Agathatag hoffen! Denn: „An St. Agathe Sonnenschein, bringt recht viel Korn und Wein."

Almwiesenbrot

Zubereitung

Alle Zutaten für den Vorteig gut miteinander verrühren, mit einem sauberen Tuch abdecken und gut 12 Stunden bei Zimmertemperatur stehen lassen (bis 16 Stunden). Ehe man den Vorteig zum Hauptteig gibt, 2 EL davon wegnehmen, in ein Schraubglas geben und bis zum nächsten Brotbacken im Kühlschrank aufbewahren. Hauptteig: Trockene Zutaten und Vorteig vermischen; mit Wasser zu einem geschmeidigen Brotteig verkneten. Teig gut durchkneten, zudecken und 2 Stunden gehen lassen. Teig nochmals gut durchkneten, Brot formen und auf ein mit Mehl bestaubtes Nudelbrett setzen. Brotteig zudecken und erneut 40 Minuten gehen lassen. Backrohr auf 220 °C (OUH) vorheizen, das Blech mit aufheizen. Brot auf das vorbereitete Blech setzen, bei 220 °C 20 Minuten (bis es hellbraun ist) anbacken. Hitze auf 180 °C reduzieren und weitere 50 bis 60 Minuten fertig backen.

 Tipp
In dieses Brot kann man Sonnenblumen- und andere Kerne, aber auch ganze Weizen- oder Roggenkörner einarbeiten: diese in leicht gesalzenem Wasser im Schnellkochtopf ca. 40 Minuten weich kochen und in einem Sieb vollständig auskühlen lassen.

Tipp
Ich bereite immer einen Bauernbrotteig (S. 11) zu und gleichzeitig diesen Almwiesenbrotteig (eine Stunde rasten lassen, weil das Brot sonst klebt). Von beiden Teigen nehme ich die Hälfte und verknete sie miteinander. Nach 45 Minuten Ruhephase forme ich aus dem Mischbrot zwei Laibe und knete in einen Teig Sonnenblumenkerne ein (s. S. 48). Damit habe ich an einem Backtag ein Mischbrot mit Sonnenblumenkernen, ein Pirchnerhofer Mischbrot, ein Bauernbrot „Agnes" und ein Almwiesenbrot. Jedes dieser Brote lässt sich sehr gut einfrieren und hält sich in Frischhaltefolie mehrere Tage.

Zutaten

Vorteig:
250 g Roggenvollmehl
1 EL Backfermentansatz
(oder Sauerteigansatz)
1 KL Spezial-Backferment
250 ml Wasser

Hauptteig:
250 g Roggenvollmehl
500 g Weizenvollmehl
20 g Salz, 20 g Germ
3 EL Brotgewürz
ca. 700 ml Wasser, lauwarm

Tipp
Das ausgekühlte Brot in Frischhaltefolie wickeln und erst am nächsten Tag anschneiden. So kann sich das Aroma vollständig entfalten. Das Almwiesenbrot lässt sich sehr gut einfrieren.

Zutaten

Vorteig:
150 g Sauerteigansatz
150 ml Roggenmehl
150 ml Wasser, lauwarm

Hauptteig:
200 g Roggenmehl
300 g Roggenvollmehl
400 g Weizenvollmehl
200 g Gerstenmehl
25 g Germ, 30 g Salz
je 1 EL Fenchel und
Kümmel, ganz
200 ml Buttermilch, lau-
warm
600 ml Wasser, lauwarm

Buttermilchvollkornbrot

Zubereitung

Vorteig:
Alle Zutaten verrühren und 12 Stunden an einem warmen Ort zugedeckt stehen lassen.

Hauptteig:
Mehle, Gewürze und Vorteig in eine Schüssel geben. Germ mit etwas Wasser auflösen und mit der Buttermilch und dem restlichen Wasser zum Mehl geben, einen weichen Germteig herstellen, zudecken und an einem warmen Ort ca. 2 Stunden gehen lassen. Brot teilen, nochmals durchkneten und formen. Brot zugedeckt nochmals gehen lassen, bis an der Oberfläche kleine Risse entstehen.
Backrohr auf 250 °C (OUH) vorheizen, Brot gut mit Wasser bestreichen, mit einer Gabel einstechen und bei 250 °C ca. 10 Minuten backen. Hitze auf 190 °C reduzieren und weitere 40 Minuten fertig backen.

Zutaten

Vorteig:
20 g Germ
1 TL Kristallzucker
50 ml Wasser

Hauptteig:
400 g Weizenmehl, glatt
125 g Roggenmehl
20 g Weizengrieß
15 g Sauerteigextrakt
je 2 TL Salz und Brot-
gewürz
250 ml Butter- oder
Sauermilch
50 ml Wasser, warm

Flockenbrot

Zubereitung

Quellstück:
Dinkelflocken mit Buttermilch übergießen und 5 Stunden quellen lassen.

Hauptteig:
Mehle, Sauerteigextrakt und Gewürze vermischen, Germ mit etwas Wasser glatt rühren und mit dem Quellstück zum Mehl geben, einen glatten Teig kneten, zudecken; 1 Stunde gehen lassen. Kastenform mit Backpapier auslegen, Teig nochmals durchkneten, in die Form füllen; zugedeckt 20 Minuten gehen lassen. Backrohr auf 250 °C (OUH) vorheizen, Brot mit Wasser bestreichen, mit Dinkelflocken bestreuen, bei 250 °C ca. 10 Minuten anbacken. Hitze auf 190 °C reduzieren und ca. 40 Minuten fertig backen.

Zutaten

Quellstück:
50 g Dinkelflocken, grob geschrotet
200 ml Buttermilch

Hauptteig:
150 g Dinkelvollmehl
100 g Dinkelmehl
50 g Weizenmehl, glatt
8 g Sauerteigextrakt
12 g Germ
je 2 KL Salz und Kümmel
ca. 50 ml Wasser, lauwarm

 Hinweis
Die Wassermenge ist von der Konsistenz der Flocken und des Mehls abhängig. Eventuell wird etwas mehr benötigt. Der Teig sollte eher weich gehalten werden.

Fiechter Klosterbrot

Zubereitung

Vorteig:
Germ mit Zucker glatt rühren, Wasser zugeben und 5 Minuten stehen lassen.

Hauptteig:
Mehle, Grieß, Sauerteigextrakt, Salz und Brotgewürz gut vermischen, Vorteig und Buttermilch zugeben und mit dem Wasser zu einem geschmeidigen Teig kneten. Teig zugedeckt 45 Minuten gehen lassen. Teig erneut durchkneten, mit bemehlten Händen zu einem Laib formen und nochmals 15 Minuten zugedeckt gehen lassen. Backrohr auf 220 °C (OUH) vorheizen, Brot auf das vorbereitete Blech setzen, mit Wasser bestreichen und mit Grieß bestreuen. Brot bei 220 °C 10 Minuten anbacken, dann Hitze auf 200 °C reduzieren und weitere 40 Minuten fertig backen.

 Tipp
Wer ein würzigeres Brot erzielen will, ersetzt das Sauerteigextrakt durch 110 g fertig ausgereiften Sauerteig oder durch 1 Pkg. Flüssigsauerteig (Flüssigkeiten dann etwas reduzieren).

Zutaten

500 g Weizenmehl, glatt
200 g Weizenbrotmehl
1 EL Sauerteigextrakt
1 KL Zucker
250 g Naturjoghurt
160 ml Wasser, kalt
180 ml Milch, kalt
40 g Butter, weich
10 g Germ
20 g Salz
*Brotgewürz nach Be-
lieben*

Fünf-Sterne-Brot

Zubereitung

Wasser, Germ und Salz gut verrühren und ca. 1 Stunde stehen lassen.
Germansatz mit den restlichen Zutaten
in der Küchenmaschine langsam zu
einem mittelfesten Teig verkneten. Teig
feucht abdecken und zu doppeltem
Volumen aufgehen lassen. Eine große
Kastenform mit Backpapier auslegen,
Teig auf einer leicht bemehlten Arbeitsfläche nur mehr leicht durcharbeiten
und in die vorbereitete Form füllen,

Brotteig zudecken und nochmals 40
Minuten ruhen lassen. Backrohr auf
230 °C (OUH) vorheizen und Brot
darin 15 Minuten anbacken. Hitze auf
175 °C reduzieren und ca. 45 Minuten
fertig backen.

 Hinweis

Nach der Anbackzeit die Backrohrtür kurz öffnen, damit der
Dampf entweichen kann!

Hasenkiste

Zubereitung

Vorteig:
Alle Zutaten verrühren und 24 Stunden stehen lassen; davon dann 170 g fertig ausgereiften Teig für das Brot wegnehmen, den Rest wieder im Kühlschrank aufbewahren.

Quellstück:
Leinsamen und Kürbiskerne mit heißem Wasser übergießen und 12 Stunden stehen lassen.

Hauptteig:
Germ im Wasser auflösen. Mehle, Quellstück und Vorteig dazugeben und zum Schluss Salz und Öl beimengen. Teig langsam durchkneten und gegen Ende der Knetzeit die Karotten beifügen, alles zu einem glatten Teig kneten, mit einem feuchten Tuch abdecken und ca. 50 Minuten ruhen lassen.

Kastenform mit Backpapier auslegen, Teig nochmals mit Mehl durchkneten und in die vorbereitete Form füllen. Teig erneut mit einem feuchten Tuch bedecken und 40 Minuten gehen lassen. Backrohr auf 240 °C (OUH) vorheizen, Brot mit Wasser bestreichen und bei 240 °C 10 Minuten anbacken. Temperatur auf 170 °C reduzieren und weitere 45 Minuten backen.

Zutaten

Vorteig:
50 g Sauerteigansatz
100 g Roggenmehl
110 ml Wasser, warm

Quellstück:
80 g Leinsamen
80 g Kürbiskerne
150 ml Wasser

Hauptteig:
500 g Weizenmehl, glatt
150 g Weizenvollmehl
170 g Sauerteig, fertig ausgereift
350 ml Wasser, lauwarm
200 g Karotten, fein geraffelt; 25 g Salz
50 ml Öl, 25 g Germ

Karwendler

Zutaten

Quellstück:
*100 g Sonnenblumenker-
ne, 120 ml Wasser*

Vorteig:
*50 g Sauerteigansatz
150 ml Wasser, lauwarm
150 g Roggenmehl*

Hauptteig:
*250 g fertig ausgereifter
Sauerteig; 1 EL Honig
250 g Roggenmehl
250 g Weizenmehl, glatt
15 g Salz, 15 g Germ
250 ml Wasser, lauwarm*

*Sonnenblumenkerne zum
Bestreuen*

Zubereitung

Quellstück:
Sonnenblumenkerne mit kochendem Wasser übergießen und über Nacht quellen lassen.

Vorteig:
Alle Zutaten gut verrühren und über Nacht an einem warmen Ort stehen lassen.

Hauptteig:
Germ und Honig in etwas Wasser auflösen, restliche Zutaten, Quellstück und Vorteig dazugeben und zu einem mittelfesten Teig verkneten. Teig mit einem feuchten Tuch zudecken und 1 Stunde rasten lassen. Teig nochmals gut durchkneten, einen Laib formen und nochmals zugedeckt aufgehen lassen.
Brot auf das vorbereitete Blech setzen, mit Wasser besprühen und mit Sonnenblumenkernen bestreuen.
Backrohr auf 250 °C (OUH) vorheizen und Brot darin gut 10 Minuten anbacken. Hitze auf 190 °C reduzieren und weitere 40 Minuten fertig backen.

Zubereitung

Germ mit etwas Wasser glatt rühren, mit etwas Mehl verrühren und 15 Minuten gehen lassen. Sonnenblumenkerne mit kochendem Wasser übergießen und 30 Minuten quellen lassen. Restliche Zutaten vermischen, Quellstück und Germansatz dazugeben und ca. 10 Minuten gut durchkneten (der Teig ist ziemlich klebrig, es sollte aber kein zusätzliches Mehl verwendet werden).

Teig mit einem feuchten Tuch zudecken und gehen lassen, bis sich das Volumen verdoppelt hat. Kastenform mit Backpapier auslegen, Teig nochmals kurz durchkneten, 10 Minuten entspannen lassen und Teig in die Form füllen. Teig erneut gehen lassen, Backrohr auf 200 °C (OUH) vorheizen, Brot mit Wasser bestreichen und bei 200 °C ca. 45 Minuten backen.

Kraftkasten

Tipp

10 Minuten vor Backzeitende das Brot aus der Form heben und fertig backen.

Zutaten

25 g Germ
60 g Sonnenblumenkerne
60 g Wasser
300 g Dinkelvollmehl
100 g Roggenmehl
100 g Weizenbrotmehl
360–400 ml Wasser
13 g Salz
6 g Sauerteigextrakt
2 EL Essig
2 EL Distelöl
1 TL Gerstenmalzsirup
(oder Honig)
Brotgewürzmischung
nach Geschmack

Krusti

Zutaten

100 g Roggenvollmehl
150 g Roggenmehl
500 g Weizenmehl, glatt
30 g Sauerteigextrakt
15 g Germ
1 EL Honig
2 EL Sonnenblumenöl
5 g Kümmelsamen
5 g Fenchelsamen
15 g Salz
450 ml Wasser

Zubereitung

Mehle und Sauerteigextrakt vermischen und in der Mitte eine Mulde machen. Germ hineinbröckeln, mit Honig und etwas Wasser glatt rühren und 15 Minuten rasten lassen. Öl, Gewürze und Wasser zugeben und zu einem mittelfesten Teig verkneten. Teig mit einem feuchten Tuch abdecken und bei Zimmertemperatur 1 Stunde gehen lassen. Teig nochmals kurz durchkneten, 80 g schwere Stücke abschneiden und diese zu Kugeln schleifen (die Brötchen können ruhig etwas gröber aussehen). Brotkugeln mit der Oberfläche in Roggenmehl tauchen, leicht abklopfen und auf das vorbereitete Blech setzen. Brötchen mit einem Tuch abdecken und nochmals gehen lassen. Backrohr auf 230 °C (OUH) vorheizen und Brötchen darin 10 Minuten anbacken. Hitze auf 200 °C reduzieren und ca. 25 Minuten fertig backen.

Tipp
Die Brötchen nach dem „Schleifen" mit der Oberseite nach unten auf ein bemehltes Nudelbrett legen und zugedeckt gehen lassen. Nach der Gehzeit umdrehen, auf das Blech setzen und sofort in das Backrohr einschießen. So bekommt das Gebäck eine herzhaft resche Kruste.

Krustenloabl

Zubereitung

Vorteig:
Alle Zutaten verrühren und bei Zimmertemperatur 48 Stunden stehen lassen (zwischendurch immer wieder gut durchrühren).

Hauptteig:
Mehle und Brotgewürz vermischen und den Germ darüberbröseln; fertig ausgereiften Sauerteig, Wasser und Salz unterrühren und einen geschmeidigen Teig abkneten. Teig zugedeckt an einem warmen Ort ca. 40 Minuten gehen lassen. Simperl mit Mehl ausstauben, Teig hineindrücken und nochmals 60 Minuten gehen lassen. Backrohr auf 230 °C (OUH) vorheizen, Teig auf das vorbereitete Blech stürzen und bei 230 °C ca. 10 Minuten anbacken. Hitze auf 200 °C reduzieren und Brot ca. 50 Minuten fertig backen.

 Tipp
Ich habe den Sauerteig mit Weizenbrotmehl angesetzt; 500 g Sauerteig für das Rezept entnehmen, den Rest in einem Schraubglas im Kühlschrank aufbewahren.

Zutaten

Vorteig:
375 g Weizenbrotmehl
375 ml Wasser, lauwarm
50 g Sauerteigansatz

Hauptteig:
500 g Sauerteig, fertig ausgereift
300 g Roggenmehl
250 g Weizenbrotmehl
ca. 250 ml Wasser, lauwarm
18 g Salz
15 g Germ
1 EL Brotgewürz

Ruhig-Blut-Laiberl

Zutaten

15 g Germ
100 ml Wasser, kalt
2 TL Salz

250 g Weizenmehl, glatt
250 g Roggenvollmehl
200 g Dinkelvollmehl
1 Pkg. Sauerteigextrakt
2 EL Brotgewürz
2 EL Koriander, ganz
1 EL Kümmel, ganz
400 ml Kaffee, lauwarm

Zubereitung

Germ, Salz und Wasser verrühren und 30 Minuten stehen lassen (Dampfl). Mehle, Sauerteigextrakt und Gewürze vermischen, Germgemisch und Kaffee zugeben und alles zu einem mittelfesten Teig verkneten. Teig gut zugedeckt zu doppeltem Volumen aufgehen lassen. Brotteig auf einer leicht bestaubten Arbeitsfläche nochmals durchkneten, 2 Brotlaibe daraus formen und nochmals 30 Minuten gehen lassen. Backrohr auf 250 °C (OUH) vorheizen, Brote auf das vorbereitete Backblech setzen, mit Wasser besprühen und mit einer Gabel einstechen. Brot bei 250 °C 10 Minuten anbacken, Hitze auf 200 °C reduzieren und weitere 45 Minuten backen.

 Hinweis
Koriander hilft gegen Lampenfieber!

Pirchnerhofer Mischbro

Für dieses Mischbrot gibt es kein eigenes Rezept. Ich bereite immer einen Almwiesenbrotteig (Seite 39) und einen Bauernbrotteig (Seite 11) zu. Der Almwiesenbrotteig muss bereits eine Stunde gerastet haben, da sonst das Brot klebt. Von beiden Teigen nehme ich die Hälfte, verknete diese miteinander

 Hinweis
Jedes dieser Brote lässt sich sehr gut einfrieren und hält sich auch in Frischhaltefolie mehrere Tage.

und lasse diesen Mischbrotteig c 45 Minuten rasten. Teig nochmal: gut durchkneten und zwei Laibe daraus formen. In einen knete ich Sonnenblumenkerne ein. So hab ich an einem Backtag: 1 Pirchner hofer Mischbrot, 1 Mischbrot mit Sonnenblumenkernen, 1 Bauernbrot und 1 Almwiesenbrot.

Diese herrliche Brotkomposition hat mir Agnes Kreidl vom „Pirchnerhof" in Schwaz verraten. Ich danke dir, liebe Agnes, dass du mich in die Geheimnisse deiner Brotbackkünste eingeweiht hast.

Pirchnerhofer Mischbrot

Mischling

Zutaten

Vorteig:
50 g Sauerteigansatz
375 g Roggenmehl
375 g Wasser, lauwarm

Hauptteig:
300 g Sauerteig, fertig
ausgereift
400 g Weizenmehl, glatt
600 g Roggenmehl
42 g Germ
ca. 500 ml Wasser
20 g Salz
30 g Brotgewürz

Zubereitung Mischling

Vorteig:
Alle Zutaten gut verrühren, zudecken und bei Zimmertemperatur 24 Stunden reifen lassen.

Hauptteig:
Germ mit etwas Wasser verrühren. Mehle, Gewürze, Sauerteig und Germ vermischen und mit Wasser zu einem geschmeidigen Teig abkneten. Teig zugedeckt ca. 1 Stunde gehen lassen. Teig nochmals zusammenschlagen, Laibe oder Wecken formen; mit der Oberseite nach unten auf ein mit Mehl bestaubtes Nudelbrett legen. Brote zudecken und nochmals 30 Minuten aufgehen lassen. Backrohr auf 230 °C (OUH) vorheizen, Brot umdrehen, sofort auf das Blech stürzen, mit Wasser bestreichen und tief einschneiden. Brot bei 230 °C ca. 15 Minuten anbacken, Temperatur auf 180 °C reduzieren und weitere 50 Minuten fertig backen.

 Hinweis
Die im alten Sauerteig enthaltenen Milchsäurebakterien schaffen den Säuerungsprozess in kürzester Zeit. Die im Rezept benötigte Menge an Sauerteig (300 g) entnehmen und laut Rezept weiterverarbeiten. Den Rest in einem Schraubglas im Kühlschrank bis zum nächsten Brotbacken aufbewahren.

Roggen-Leinsamen-Wecken

Zutaten

Vorteig:
100 g Roggenmehl
150 g Sauerteigansatz
30 g Germ
100 ml lauwarmes Wasser

Hauptteig:
700 g Roggenmehl
200 g Dinkelmehl
70 g Leinsamen
1 EL Salz
1 EL Brotgewürz
ca. 500 ml Wasser, lauwarm

Zubereitung

Vorteig:
Die Zutaten verrühren und über Nacht zugedeckt stehen lassen.

Hauptteig:
Vorteig mit den anderen Zutaten zu einem Teig verkneten; an einem warmen Platz zugedeckt 1 Stunde gehen lassen. Teig nochmals durchkneten, Brote formen und auf das vorbereitete Blech setzen. Brot zugedeckt rasten lassen, bis an der Oberfläche kleine Risse entstehen. Backrohr auf 220 °C (OUH) vorheizen, Brot mit Wasser bestreichen, bei 220 °C ca. 20 Minuten anbacken. Hitze auf 190 °C reduzieren und Brot ca. 40 Minuten fertig backen.

Zutaten

Vorteig:
70 g Sauerteigansatz
200 ml Wasser, lauwarm
200 g Weizenbrotmehl

Hauptteig:
350 g Sauerteig, fertig
ausgereift
200 g Roggenmehl
400 g Weizenbrotmehl
100 g Weizenmehl, glatt
18 g Salz, 21 g Germ
3 EL Brotgewürz
180 g Wasser, lauwarm
180 g Sauermilch, zim-
merwarm

Zubereitung

Vorteig:
Alle Zutaten verrühren und 48 Stunden an einem warmen Ort stehen lassen (nach 12 Stunden den Vorteig gut durchrühren).

Hauptteig:
Germ in etwas Wasser auflösen. Mehle, Brotgewürz, Sauerteig, Germ und Sauermilch verrühren und das Wasser langsam einrühren (nicht die ganze Wassermenge auf einmal, da eventuell weniger benötigt wird).
Mit der Küchenmaschine zuerst auf kleiner Stufe 5 Minuten und dann bei höherer Stufe noch weitere 5 Minuten kneten (Teig sollte sich vollständig vom Schüsselrand lösen). Teig mit einem feuchten Tuch zudecken und 1 Stunde ruhen lassen. Teig nochmals durchkneten, Laibe oder Wecken formen und auf das Blech legen, zudecken und weitere 30 Minuten ruhen lassen. Backrohr auf 220 °C (OUH) vorheizen, Brot mit Wasser besprühen, mit einer Gabel einstechen oder mit einem Messer einschneiden. Brot bei 220 °C ca. 10 Minuten anbacken, Temperatur auf 190 °C reduzieren und weitere 45 Minuten backen.

Sommerfrischer

Hinweis
Die im Rezept benötigte Menge an Sauerteig (350 g) entnehmen und laut Rezept weiterverarbeiten. Den Rest in einem Schraubglas im Kühlschrank bis zum nächsten Brotbacken aufbewahren.

Sonnwendler

Zubereitung

Vorteig:
Alle Zutaten verrühren und 1 Stunde rasten lassen.

Hauptteig:
Alle trockenen Zutaten in einer Rührschüssel vermischen, Vorteig zugeben und mit der Flüssigkeit zu einem mittelfesten Germteig verkneten. Teig zugedeckt 1 Stunde an einem warmen Ort gehen lassen. Backblech mit Backpapier auslegen, Backrohr auf 220 °C (OUH) vorheizen. Teig nochmals gut durchkneten, Laibe oder Wecken formen und auf das vorbereitete Blech setzen. Teig mit einem feuchten Tuch zudecken und an einem warmen Ort nochmals 1 Stunde gehen lassen. Brot mit Wasser besprühen, mit einer Gabel mehrmals einstechen und bei 220 °C 15 Minuten anbacken. Hitze auf 180 °C reduzieren und Brot ca. 45 Minuten fertig backen.

Zutaten

Vorteig:
100 g Sauerteigansatz
30 g Germ
100 g Roggenmehl
250 ml Wasser

Hauptteig:
400 g Roggenmehl
175 g Weizenmehl, glatt
175 g Dinkelmehl
250 ml Buttermilch
1 EL Salz
2 EL Brotgewürz
je 1 EL Kümmel und
Fenchelsamen

Hinweis

Dieses Brot schmeckt intensiver und würziger, wenn man es mit Backferment zubereitet. Dafür 250 g Roggenvollmehl mit 1 EL Sauerteigansatz, 1 KL Backferment und 250 ml Wasser verrühren und 12 Stunden stehen lassen. Diesen Vorteig und 30 g Germ dann zum Hauptteig geben und laut Rezept weiterverarbeiten.

Sorgenkiller

Zubereitung

Vorteig:
Alle Zutaten gut verrühren, zugedeckt bei Zimmertemperatur 48 Stunden reifen lassen und nach 12 Stunden den Vorteig kräftig durchrühren; (davon dann 250 g Sauerteig entnehmen und laut Rezept weiterverarbeiten; Rest im Kühlschrank aufbewahren).

Hauptteig:
Germ mit Honig und etwas Wasser verrühren und kurz stehen lassen (= Dampfl). Mehle, Gewürze, Öl und Sauerteig vermischen. Germgemisch und Wasser zugeben und mit der Küchenmaschine einen kompakten Teig kneten. Teig mit den Händen nochmals kurz durchkneten (wenn möglich, kein weiteres Mehl verwenden) und zugedeckt 1 Stunde rasten lassen. Teig nochmals kurz durchkneten, Stücke abschneiden und Brötchen formen. Brötchen in Roggenmehl wälzen, auf das vorbereitete Backblech setzen und nochmals 30 Minuten gehen lassen. Backrohr auf 220 °C (OUH) vorheizen und Brötchen 10 Minuten anbacken, Temperatur auf 200 °C reduzieren und weitere 20 Minuten backen.

Zutaten

Vorteig:
50 g Sauerteigansatz
250 g Weizenbrotmehl
250 g Wasser, lauwarm

Hauptteig: *Dinkel*
350 g Weizenmehl, glatt
150 g Roggenmehl
250 g Sauerteig, fertig ausgereift
200 ml Wasser, kalt
2 EL Öl, 20 g Salz
1 EL Fenchel, ganz

5 g Kümmel, ganz
1 EL Honig
10 g Germ

✗ Tipp

Die Brötchen nach dem „Schleifen" mit der Oberseite nach unten auf ein bemehltes Nudelbrett legen und zugedeckt gehen lassen. Nach der Gehzeit umdrehen, auf das Blech setzen, sofort ins Backrohr einschießen. So bekommt das Brot eine resche Kruste.

Vintschger Laibchen

Zubereitung

Vorteig:
Alle Zutaten verrühren und bei Zimmertemperatur mindestens 48 Stunden stehen lassen (zwischendurch immer wieder gut durchrühren).

Hauptteig:
Mehle, Salz, Vorteig, Gewürze und Brotklee vermischen, Germ und Zucker in etwas Wasser auflösen und zur Mehlmischung geben. Einen weichen Teig verarbeiten, dabei das restliche Wasser zufügen (mit einem Kochlöffel arbeiten).
Teig mit Mehl bestauben und zugedeckt an einem warmen Ort etwa 2 Stunden ruhen lassen. Teig nochmals durchrühren, mit bemehlten Händen ca. 20 flache Laibchen formen (der Teig ist sehr weich, dennoch nur wenig Mehl zum Formen verwenden), Vintschger Laibchen auf das vorbereitete Backblech legen, zudecken und 30 Minuten rasten lassen. Backrohr auf 185 °C (OUH) vorheizen, Brot an der Oberfläche mit etwas Mehl bestauben und bei 180 °C 30 Minuten backen.

 Tipp
Diese Laibchen isst man am besten zur Jause mit Speck, Käse und sauer eingelegten Gurken.

 Hinweis
150 g Sauerteig für das Rezept entnehmen, den Rest in einem Schraubglas aufbewahren. Brotklee ist ein sehr würziges Pulver (in Naturkostläden erhältlich).

Zutaten

Vorteig:
50 g Sauerteigansatz
100 g Roggenmehl, 100 g Wasser

Hauptteig:
320 g Roggenmehl
300 g Roggenvollmehl
2 TL Salz
150 g Sauerteig, fertig ausgereift
42 g Germ
1 EL Kristallzucker
je 1 EL Kümmel-, Fenchel- und Anissamen
1 EL Brotklee (= Gewürz)
500 ml Wasser

Zutaten

Vorteig:
25 g Sauerteigansatz
250 g Weizenbrotmehl
250 g Wasser

Hauptteig:
300 g Roggenmehl
250 g Weizenbrotmehl
*500 g Sauerteig, fertig
ausgereift*
*250–300 g Wasser, lau-
warm*
18 g Salz
20 g Germ
1 EL Brotgewürz

Zubereitung

Vorteig:
Alle Zutaten verrühren und 24 Stunden an einem warmen Ort zugedeckt
stehen lassen.

Hauptteig:
Mehle, Gewürze und Vorteig in eine
Schüssel geben, Germ mit etwas
Wasser auflösen und mit dem restlichen Wasser zum Mehl geben, einen
weichen Germteig herstellen, zudecken und an einem warmen Ort ca.
2 Stunden gehen lassen. Brot teilen,
nochmals durchkneten und formen.
Brot zugedeckt nochmals gehen

Tiroler Almbrot

lassen, bis an der Oberfläche kleine
Risse entstehen. Backrohr auf 250 °C
(OUH) vorheizen, Brot bei 250 °C ca.
10 Minuten backen. Dann Hitze auf
190 °C reduzieren und weitere 45 Minuten fertig backen.

 Hinweis
Das ist das Lieblingsbrot meiner
Eltern! Ich habe bei der Sauerteigherstellung Weizenbrotmehl (Type
1600) verwendet. Dadurch wird
das Brot feinporig und kompakt.

Unterinntaler

Zubereitung

Mehl, Germ, Sauerteigextrakt, Salz und Gewürze in einer Schüssel vermengen. Wasser und Mineralwasser einlaufen lassen und Teig gut durchkneten (mind. 5 Minuten), auf einer bemehlten Fläche den Teig mit den Händen nochmals gut durcharbeiten und dann ca. 1,5 Stunden ruhen lassen. Teig nochmals durchkneten, zu einem gleichmäßigen Laib formen und in ein bemehltes Simperl geben. Teig ca. 1 Stunde ruhen lassen, Backrohr auf 230 °C (OUH) vorheizen, Brot vorsichtig auf das vorbereitete Blech stürzen und bei 230 °C ca. 15 Minuten anbacken. Hitze auf 200 °C reduzieren und ca. 40 Minuten fertig backen.

✗ Tipp

Wenn kein Simperl vorhanden ist, kann man auch eine Holzschüssel mit einem sauberen Tuch auslegen, etwas Mehl hineinstreuen und den Teig hineindrücken.

Zutaten

100 g Weizenbrotmehl
200 g Dinkelvollmehl
200 g Weizenmehl, universal
20 g Germ
15 g Sauerteigextrakt
ca. 250 ml Wasser
100 ml Mineralwasser
13 g Salz
15 g Brotgewürz

Vollkörndler

Zutaten

Brühstück:
150 g Fünf-Korn-Mischung, 150 g Wasser

Vorteig:
*50 g Sauerteigansatz
150 g Weizenbrotmehl
150 ml Wasser*

Hauptteig:
*150 g Sauerteig, fertig ausgereift
300 g Brühstück*

*300 g Weizenmehl, glatt
160 g Roggenvollmehl
10 g Germ, 12 g Salz
2 EL Gerstenmalzsirup
ca. 250 ml Wasser*

Zubereitung

Vorteig:
Alle Zutaten verrühren und bei Zimmertemperatur mindestens 48 Stunden stehen lassen (zwischendurch immer wieder gut durchrühren).

Brühstück:
Fünf-Korn-Mischung mit kochendem Wasser übergießen und über Nacht quellen lassen.

Hauptteig:
Alle Zutaten in einer Rührschüssel vermischen, Brühstück und Vorteig zugeben; 5 Minuten zu einem Teig verrühren (Teig ist leicht klebrig). Teig feucht abgedeckt 60 Minuten ruhen lassen (nach 30 Minuten mit einem Kochlöffel fest zusammenstoßen), den weichen Teig auf einer bemehlten Arbeitsfläche leicht durcharbeiten, halbieren und jedes Teil zu einem Wecken formen. Die Oberfläche mit Wasser besprühen und in einer Körnermischung wälzen, mit der Oberfläche nach unten auf ein bemehltes Nudelbrett (oder in ein ausgestreutes Simperl) legen und zugedeckt ca. 40 Minuten gehen lassen. Backrohr auf 230 °C (OUH) vorheizen und Brot darin 15 Minuten anbacken. Hitze auf 190 °C reduzieren und weitere 40 Minuten backen.

 Tipp
Die Kornmischung für das Brühstück kann man nach Belieben selber herstellen (Hirse oder Gerste, Hafer- oder Dinkelflocken, Buchweizen und Leinsamen, grob geschrotet).

Zubereitung

Vorteig:
Alle Zutaten vermischen und 4 Stunden stehen lassen.

Hauptteig:
Mehle, Sonnenblumenkerne und Salz vermischen, Germ in der Molke auflösen und zusammen mit dem Vorteig zum Mehlgemisch geben. Teig gut durchkneten, zudecken und 45 Minuten gehen lassen.
Teig nochmals gut durchkneten und daraus einen größeren Laib (Sonnenmitte) und kleine Bällchen (ca. 50 g schwer) formen, diese als Sonne auf dem vorbereiteten Blech anordnen, zudecken und nochmals gut gehen lassen. Backrohr auf 230 °C (OUH) vorheizen, Gebäck gut mit Wasser bestreichen, mit Körnern bestreuen und bei 230 °C ca. 20 Minuten anbacken. Hitze auf 180 °C reduzieren und weitere 40 Minuten fertig backen.

Weizensonne

Zutaten

Vorteig:
400 g Weizenvollmehl
400 ml Wasser lauwarm
50 g Sauerteigansatz

Hauptteig:
150 g Sonnenblumen-kerne
500 g Weizenvollmehl
100 g Roggenvollmehl
20 g Salz
30 g Germ
ca. 250 ml Molke, lauwarm

Kleingebäck

So kann Kleingebäck geformt werden (Zeichnungen von Benno Meliss)

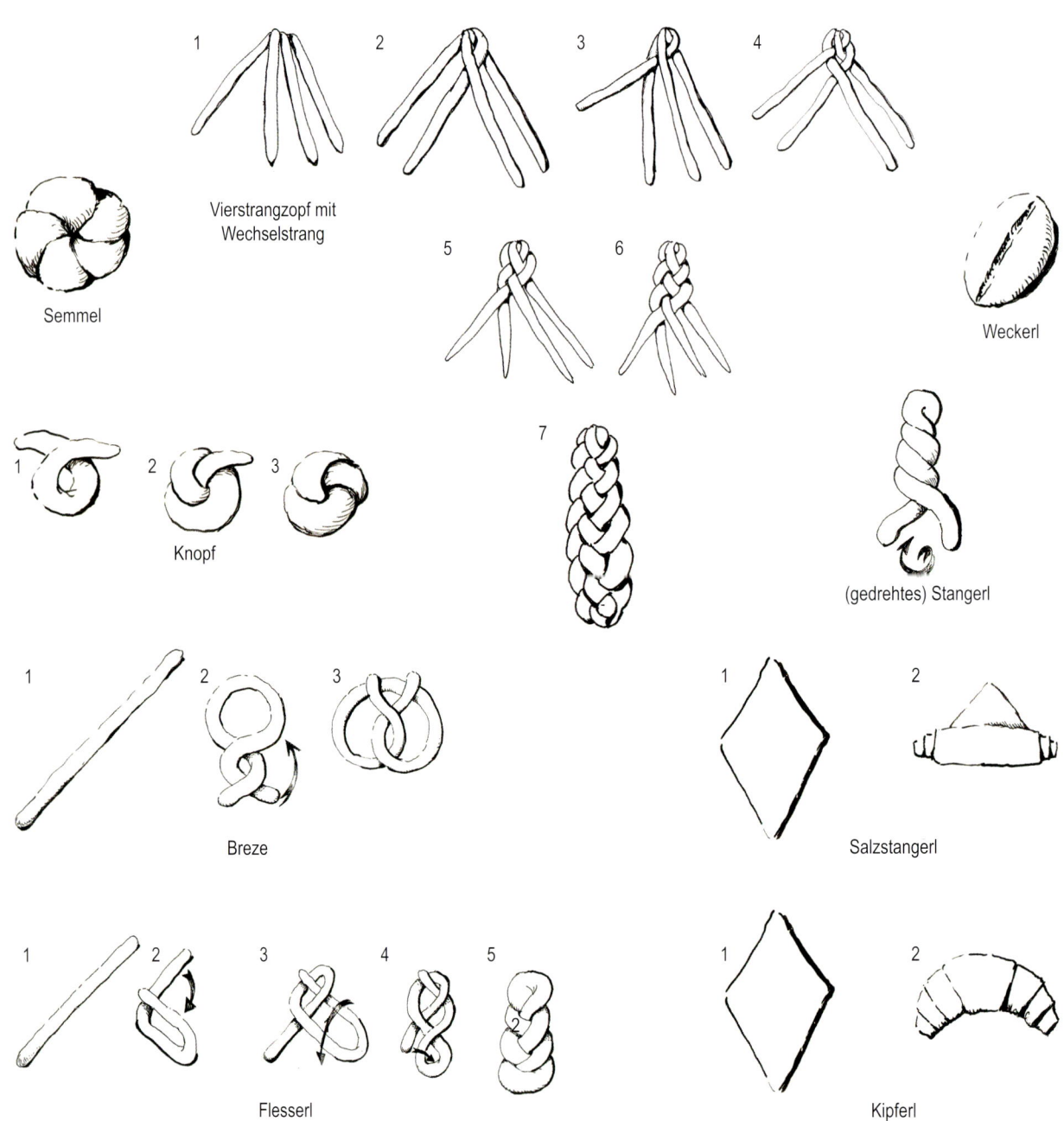

1   2   3   4

Vierstrangzopf mit
Wechselstrang

5   6

Semmel

Weckerl

1   2   3

Knopf

7

(gedrehtes) Stangerl

1   2   3

Breze

1   2

Salzstangerl

1   2   3   4   5

Flesserl

1   2

Kipferl

Zubereitung

Mehle, Salz, Kümmel und zerbröckelten Germ in einer Schüssel vermischen, Wasser zugeben und zu einem geschmeidigen Teig verkneten. Teig mit Mehl bestauben, zudecken und 45 Minuten gehen lassen. Teig nochmals kurz durchkneten; gleich große Stücke abstechen und diese (ohne viel Kneten) zu Brötchen formen. Die Brötchen auf das vorbereitete Blech setzen und zugedeckt nochmals 30 Minuten ruhen lassen. Backrohr auf 200 °C (OUH) vorheizen, Brötchen mit einem scharfen Messer an der Oberfläche ca. 1 cm tief einschneiden, Ei mit Wasser verquirlen, Brötchen damit bestreichen und bei 200 °C ca. 20 Minuten backen.

Alpensemmel

Zutaten

300 g Weizenmehl, glatt
350 g Weizenvollmehl
2 KL Salz
2 KL Kümmel
42 g Germ
ca. 450 ml Wasser, lauwarm
1 Ei zum Bestreichen

Alpen-Strohsemmel

Zutaten

500 g Weizenmehl, glatt
20 g Germ
300 ml Wasser, kalt
1 EL Koriander, ge-
mahlen
1 EL Gerstenmalzsirup
1 TL Salz

1 Ei zum Bestreichen

Zubereitung

Germ mit Wasser verrühren, restliche Zutaten in einer Rührschüssel vermischen und mit dem Germgemisch zu einem glatten Teig verkneten. Teig zu einer Kugel formen, mit Mehl bestauben und zugedeckt ca. 6 Stunden in den Kühlschrank stellen.
Arbeitsfläche dick mit Mehl bestreuen, Teig daraufstürzen und ohne viel zu drücken Brötchen daraus formen. Gebäckstücke auf das vorbereitete Blech setzen, zudecken und nochmals 30 Minuten gehen lassen. Backrohr auf 210 °C (OUH) vorheizen, Brötchen mit etwas verquirltem Ei bestreichen und bei 210 °C ca. 30 Minuten backen.

✗ Tipp
Die lange Gehzeit bei kühler Temperatur gibt einen tollen Geschmack und hat den Vorteil, dass man den Brotteig schon am Vortag ansetzen kann.

Zubereitung

Germ in etwas Wasser auflösen und zusammen mit den restlichen Zutaten zu einem glatten Teig verkneten. Teig mit Mehl bestauben, zudecken und 1 Stunde gehen lassen. Teig nochmals durchkneten und zu einer 5 cm dicken Rolle formen, diese auf dem vorbereiteten Backblech zu einem Ring zusammenlegen, dabei die Enden mit Wasser bestreichen und gut andrücken.

Teig mit einem feuchten Tuch bedecken und nochmals 30 Minuten gehen lassen. Backrohr auf 200 °C (OUH) vorheizen, Ring mit Wasser bestreichen, ca. 1 cm tief schräg einschneiden und im vorgeheizten Backrohr bei 200 °C ca. 30 Minuten backen.

Zutaten

300 g Weizenmehl, glatt
250 g Roggenmehl
2 TL Salz
42 g Germ
1 TL Koriander, gemahlen
1 EL Kümmel, ganz
50 g Butter, weich
300 ml Wasser

 Tipp

Während des Backens den Ring immer wieder mit Wasser besprühen, so bekommt er eine knusprige Oberfläche!

Brotring

Zutaten

280 g Wasser, lauwarm
15 g Germ
250 g Weizenmehl, glatt
250 g Weizenvollmehl
40 g Saatmischung
(Leinsamen, Sesam,
Kürbiskerne, Sonnenblu-
menkerne, …)
je 2 TL Kümmel, Korian-
der und Fenchelsamen
3 TL Salz, 1 EL Zucker
20 g Öl

Handperle

Zubereitung

Germ im Wasser auflösen; mit den restlichen Zutaten einen geschmeidigen Teig abkneten (mit der Küchenmaschine den Teig ca. 8 Minuten durchkneten); Teigkugel bemehlen, zudecken, 40 Minuten gehen lassen. Teig nochmals kräftig durchkneten, gleich große Stücke abschneiden und Brötchen formen. Gebäck auf das vorbereitete Blech legen, mit einem Messer einschneiden, mit Wasser bestreichen, Körner darüberstreuen; nochmals 10 Minuten gehen lassen. Backrohr auf 200 °C (OUH) vorheizen und Gebäck darin ca. 25 Minuten backen.

✗ Tipp
Tauscht man das Mehl durch Dinkel- und Dinkelvollmehl, ergibt das herrlich knusprige Brötchen.

Zutaten

300 g Weizenmehl, griffig
300 g Weizenmehl, glatt

Wurzelbrot

1 Pkg. Trockengerm
2 TL Salz, 400 ml Wasser

Zubereitung

Alle Zutaten vermischen und einen glatten, weichen Germteig abkneten. Teig in eine größere Schüssel legen, zudecken und am besten über Nacht in den Kühlschrank stellen. Teig ca. 30 Minuten bei Zimmertemperatur offen stehen lassen, Teig auf einer leicht bemehlten Arbeitsfläche durchkneten und zu einer rechteckigen Platte auswalken, die Längsseiten zur Mitte hin einschlagen, andrücken und eine Rolle formen. Brotrolle spiralförmig eindrehen, sodass das Brot „krumm" aussieht. Wurzel auf das Blech legen, mit einem feuchten Tuch bedecken und ca. 45 Minuten gehen lassen. Backrohr auf 250 °C (OUH) vorheizen und Brot darin ca. 25 Minuten backen.

Energiespender

✗ Hinweis

Die Sojabohnen als Energiespender: Sojabohnen haben den höchsten und hochwertigsten Eiweißgehalt im Pflanzenreich. Für einen Sportler bringt dies den Vorteil, dass aus Sojaeiweiß viel Muskeleiweiß aufgebaut werden kann. Neben den acht essenziellen Aminosäuren enthalten Sojabohnen noch viele weitere Vitalstoffe. Als rein pflanzliches Produkt ist Soja frei von Cholesterin. Die kleine Hülsenfrucht enthält wertvolle Fettsäuren, die Sojaprodukte sehr gesund und zudem noch leicht verdaulich machen. Sojamehl ist im Reformhaus erhältlich.

Zubereitung

Mehlsorten und Salz vermischen, Germ im Wasser auflösen, zum Mehl geben und gut verkneten. Teig mit etwas Mehl bestreuen, zudecken und ca. 1 Stunde gehen lassen. Teig kräftig durchkneten, in Stücke teilen und zu Brötchen formen. Teiglinge auf das Backblech setzen, Oberfläche längs einschneiden und mit einem feuchten Tuch bedecken. Brötchen nochmals 30 Minuten gehen lassen, mit Wasser besprühen und im vorgeheizten Backrohr bei 220 °C (OUH) ca. 15 Minuten backen.

Zutaten

250 g Weizenmehl, glatt
150 g Dinkelmehl
100 g Sojamehl
20 g Germ
2 TL Salz
350 ml Wasser, lauwarm

G'staubter

Zutaten

600 g Weizenmehl, glatt
250 g Roggenmehl
2 TL Salz
2 EL Kümmel, ganz
20 g Germ
2 EL Öl
ca. 500 ml Wasser, lauwarm

X Hinweis

Wenn man aus dem Teig große Laibe oder Wecken formt, dann diese bei 180 °C ca. 40 Minuten backen.

Flesserl

Zutaten

250 g Dinkelvollmehl
250 g Weizenmehl, glatt
1 TL Rohrzucker
1 TL Salz
1 EL Brotgewürz
1 Pkg. Trockengerm
100 ml Öl
250 ml Wasser, lauwarm

1 Ei und 2 EL Wasser
zum Bestreichen
Mohn zum Bestreuen

Zubereitung

Mehle, Zucker, Salz, Brotgewürz und Trockengerm vermischen, Öl und Wasser zugeben und alles zu einem weichen Germteig kneten. Teig zudecken, 30 Minuten rasten lassen, auf einer leicht bemehlten Arbeitsfläche den Teig nochmals durchkneten und in kleine Stücke teilen. Flesserln daraus formen, auf das vorbereitete Blech legen und zugedeckt 15 Minuten gehen lassen. Backrohr auf 200 °C (OUH) vorheizen, Ei mit Wasser verquirlen, Flesserln damit bestreichen und mit Mohn bestreuen. Gebäck bei 200 °C ca. 20 Minuten backen.

Zubereitung

Germ in etwas Wasser auflösen. Mehle, Gewürze und Öl vermischen und mit dem Germgemisch und dem Wasser zu einem geschmeidigen Teig verkneten. Teig zudecken und an einem warmen Ort ca. 45 Minuten gehen lassen (Teigvolumen soll sich deutlich vergrößern). Teig nochmals gut durchkneten, Brote formen und diese mit der Oberseite nach unten auf ein bemehltes Nudelbrett setzen, Gebäck zudecken und ca. 30 Minuten gehen lassen. Backrohr auf 230 °C (OUH) vorheizen, Brot umdrehen, auf das vorbereitete Blech setzen und bei 230 °C ca. 20 Minuten backen.

Jausenspitz

Zutaten

100 g Roggenmehl
250 g Dinkelmehl
150 g Weizenbrotmehl
18 g Salz,1 KL Honig
20 g Germ
200 ml Buttermilch, kalt
150 ml Wasser, heiß
2 EL Brotgewürz
Körner zum Bestreuen

Zubereitung

Alle Zutaten vermischen, Germ darüberbröseln und mit der Küchenmaschine 5 Minuten verkneten. Teig zudecken und ca. 2 Stunden gehen lassen (zwischendurch 1 x zurückdrücken). Teig gut durchkneten, Stücke abschneiden und diese zu Dreiecken formen, auf das vorbereitete Blech setzen und weitere 30 Minuten gehen lassen. Backrohr auf 230 °C (OUH) vorheizen, Gebäck mit Wasser bestreichen, mit Körnern bestreuen und auf der unteren Schiene ca. 8 Minuten anbacken. Hitze auf 200 °C reduzieren und weitere 15 Minuten fertig backen, bis das Gebäck eine schöne Farbe hat.

Zutaten

550 g Weizenmehl, glatt
42 g Germ
2 TL Kristallzucker
200 ml Milch, lauwarm
40 g Butter, sehr weich
1 TL Salz
125 ml Wasser, lauwarm

Zubereitung

Mehl in eine Schüssel geben, Germ darüberbröckeln, restliche Zutaten zugeben; alles zu einem geschmeidigen Teig verkneten. Teig mit Mehl bestauben, zudecken und ca. 1 Stunde gehen lassen. Teig nochmals kräftig durchkneten, gleich große Stücke abstechen und diese zu Brötchen formen. Brötchen auf das vorbereitete Backblech legen und zugedeckt nochmals 30 Minuten gehen lassen. Backrohr auf 200 °C (OUH) vorheizen, Brötchen an der Oberfläche einschneiden, mit Milch bestreichen und bei 200 °C ca. 15 Minuten goldbraun backen.

Gourmet-
brötchen

Frauenbrötchen

Zubereitung

Vorteig:
Germ im Wasser auflösen, Mehl untermischen und gut verrühren, mit Frischhaltefolie abdecken und 12 Stunden bei Raumtemperatur stehen lassen.

Hauptteig:
Germ in ca. 30 ml Wasser auflösen und zusammen mit dem Mehl, dem Vorteig und dem restlichen Wasser zum Mehl geben, mit dem Knethaken der Küchenmaschine ca. 5 Minuten auf niedrigster Stufe kneten, danach weitere 8 Minuten bei stärkerer Stufe kneten und dabei das Salz langsam einrieseln lassen. Körner oder Saaten mit der Hand einarbeiten und den Teig nochmals gut durchkneten. Teig in eine große Schüssel legen und leicht mit Öl bestreichen, sodass der Teig komplett mit einem Ölfilm umgeben ist. Teig mit Frischhaltefolie zudecken und ca. 1 Stunde gehen lassen. Teig auf einer leicht bemehlten Arbeitsfläche nochmals durchkneten, in ca. 20 Stücke teilen, zu Brötchen schleifen und auf das vorbereitete Blech legen. Gebäck zudecken und nochmals gehen lassen. Backrohr auf 225 °C (OUH) vorheizen, Brötchen mit Wasser bestreichen, mit Körnern bestreuen und bei 225 °C ca. 20 Minuten backen.

 Tipp

Der Teig soll eher weich gehalten werden, da Vollmehl beim Rasten noch aufquillt.
Während des Backens die Brötchen immer wieder mit Wasser besprühen und die Backrohrtür 1 bis 2 Mal öffnen, sodass der Dampf entweichen kann. So werden die Brötchen schön knusprig.

Zutaten

Vorteig:
250 g Weizenmehl, glatt
300 ml Wasser
10 g Germ

Hauptteig:
500 g Dinkelvollmehl
250 g Weizenmehl, glatt
330 ml Wasser, lauwarm
10 g Germ, 2 TL Salz

Körner zum Bestreuen

Hinweis

Grahamweckerln sind Gebäcke aus Weizenvollmehl und Weizenschrot. Der Einfachheit halber verwendet man bei diesen selbst gemachten Grahamweckerln Weizenkleie und Weizenvollmehl. Die Grahamweckerln sind daher ein verdauungsförderndes Gebäck, denn Weizenkleie bzw. Weizenschrot zählen zu den Ballaststoffen, die für den Verdauungstrakt eine wichtige Unterstützung bieten.

Zutaten

280 g Wasser, lauwarm
20 g Germ
250 g Weizenmehl, glatt
250 g Weizenvollmehl
25 g Weizen- oder Haferkleie
10 g Salz
5 g Zucker
20 g Öl

Zubereitung

Germ im Wasser auflösen und mit den restlichen Zutaten ca. 10 Minuten zu einem weichen Teig verkneten. Teig gut zudecken und 40 Minuten gehen lassen, Teig nochmals kräftig durcharbeiten, damit die Luft entweichen kann, zu einer Rolle formen, 6 gleich große Stücke abstechen und diese mit einem Nudelholz dünn und länglich auswalken, von der schmalen Seite her aufrollen und das Gebäck mit der Teignaht nach unten auf das Blech setzen, mit einem feuchten Tuch zudecken und nochmals 35 Minuten rasten lassen. Backrohr auf 200 °C (OUH) vorheizen und Gebäck darin ca. 20 Minuten backen.

Grahamweckerl

Zubereitung

Germ in etwas Wasser auflösen und zusammen mit den restlichen Zutaten vermischen. Teig sehr gut durchkneten, zudecken; 30 Minuten rasten lassen. Teig zusammendrücken; nochmals 15 Minuten gehen lassen. Aus dem Teig Stücke abschneiden, Brötchen formen, einschneiden und mit dem Schnitt nach unten 15 Minuten gehen lassen. Backrohr auf 230 °C (OUH) vorheizen, Gebäck umdrehen, auf das Blech setzen und sofort bei 230 °C in das Backrohr schieben. Nach 5 Minuten die Backrohrtür kurz öffnen und den Dampf entweichen lassen. Gebäck weitere 20 Minuten fertig backen (während der letzten 5 Minuten bei geöffneter Backofentür fertig backen).

Tipp

Acidophilusmilch kann auch durch Buttermilch oder Sauermilch ersetzt werden.

Zutaten

500 g Weizenmehl, glatt
10 g Salz
20 g Germ
65 g Naturjoghurt
75 ml Acidophilusmilch
175 ml Wasser

Joghurt-laibchen

Zutaten

1 kg Weizenvollmehl
20 g Germ
125 ml Wasser, lauwarm
1 EL Honig
250 ml Naturjoghurt
1 EL Salz
500 ml Wasser, lauwarm

Kürbiskerne zum Belegen

Jogi

Zubereitung

Germ mit etwas Wasser auflösen und mit den restlichen Zutaten zu einem geschmeidigen Teig abkneten. Teig zudecken und ca. 1 Stunde an einem warmen Ort gehen lassen, Teig nochmals durchkneten, Stücke abschneiden, zu Brötchen formen und auf das vorbereitete Blech legen. Gebäck zudecken und nochmals 30 Minuten gehen lassen. Backrohr auf 200 °C (OUH) vorheizen, Jogis mit Wasser bestreichen, mit Kürbiskernen belegen und bei 200 °C ca. 30 Minuten backen.

Zubereitung

Trockene Zutaten vermischen, mit Ei und Topfen zu einem Teig verkneten. Daraus kleine Kugeln formen, auf das vorbereitete Blech legen. Blech in das kalte Backrohr schieben, auf 190 °C (HL) einschalten; 20 Minuten backen.

Hinweis
Die Brötchen sind im Handumdrehen fertig – angenehm bei unerwarteten Gästen.

Zutaten

150 g Weizenvollmehl
100 g Weizenmehl, glatt
1 Pkg. Backpulver
1 Ei
250 g Topfen
1 TL Salz

Junggesellenbrötchen

Zubereitung

Leinsamen und Sonnenblumenkerne mit Buttermilch übergießen; 15 Minuten quellen lassen (= Quellstück). Mehle, Trockengerm, Gewürze, Öl und Honig in einer Schüssel vermischen, Quellstück und Wasser zugeben und einen geschmeidigen Teig herstellen. Teig zudecken und 30 Minuten gehen lassen, Teig auf einer leicht bemehlten Arbeitsfläche nochmals durchkneten und kleine Laiberln formen, diese auf das vorbereitete Blech legen, mit Wasser besprühen; zugedeckt nochmals gehen lassen. Backrohr auf 200 °C (OUH) vorheizen, Laiberln mit Leinsamen bestreuen und bei 200 °C ca. 20 Minuten backen.

Zutaten

Quellstück:
2 EL Leinsamen
2 EL Sonnenblumenkerne
250 ml Buttermilch

250 g Weizenvollmehl
250 g Dinkelmehl
1 Pkg. Trockengerm
1 KL Salz
3 EL Sonnenblumenöl
1 EL Honig
1 KL Kümmel
70 ml Wasser

Tagesstarter

✗ Tipp

Nach 10 Minuten Backzeit die Brötchen nochmals mit Milch bestreichen, so bekommen sie eine schöne Farbe und eine knusprige Rinde.

Germteig zubereiten, in eine Schüssel geben und über Nacht im Kühlschrank gut zugedeckt ruhen lassen. So kann man am Morgen die Brötchen schleifen, kurz gehen lassen und backen und hat somit zum Frühstück frisch gebackene Semmeln.

Kaiser- semmeln

Zutaten

500 g Weizenmehl, glatt
100 g Weizenmehl, griffig
2 TL Zucker
1 EL Salz
42 g Germ
1 EL Gerstenmalzsirup
(oder Honig)
200 ml Milch, lauwarm
125 ml Wasser, lauwarm
Milch zum Bestreichen

Zubereitung

Germ mit Malzsirup und etwas Milch verrühren und 15 Minuten rasten lassen (= Dampfl). Trockene Zutaten vermischen, Dampfl und restliche Flüssigkeiten zugeben; einen geschmeidigen Germteig abkneten (Hände und Schüssel sollen ganz sauber sein – mindestens 10 Minuten kneten). Teig mit wenig Mehl bestreuen, mit einem feuchten Tuch abdecken und 1 Stunde ruhen lassen. Teig kräftig durchkneten, in acht gleich große Stücke teilen, Brötchen schleifen und diese auf das vorbereitete Blech setzen. Oberfläche der Brötchen mit einem scharfen Messer einschneiden und nochmals zugedeckt gehen lassen. Semmeln mit Milch bestreichen und im vorgeheizten Backrohr bei 230 °C (OUH) ca. 15 Minuten backen.

Zubereitung

Germ und Honig im Wasser auflösen und ca. 10 Minuten rasten lassen. Mehle, Salz und Öl in einer Rührschüssel vermischen, Germansatz und Wasser zugeben und einen geschmeidigen Germteig abkneten. Teig zudecken und an einem warmen Ort ca. 45 Minuten gehen lassen. Teig nochmals gut durchkneten und in zwei Teile teilen, jedes Teil zu einer Platte auswalken, in „Tortenstücke" schneiden und den Teig von der breiten Seite her zu Kipferln aufrollen. Gebäck auf das vorbereitete Blech legen, zudecken und nochmals 30 Minuten rasten lassen. Backrohr auf 200 °C (OUH) vorheizen, Gebäck mit Wasser bestreichen, mit Salz und Kümmel bestreuen und bei 200 °C ca. 20 Minuten backen.

Knusperkipferln

Zutaten

30 g Germ
2 EL Honig
100 ml Wasser, lauwarm
400 g Dinkelvollmehl
300 g Weizenmehl, glatt
2 TL Salz
2 EL Öl
250 ml Wasser, lauwarm

Salz und Kümmel zum Bestreuen

Zutaten

Quellstück:
50 g Roggenkörner
200 ml Wasser

Vorteig:
21 g Germ
15 g Salz
100 ml Wasser, kalt

Hauptteig:
300 g Dinkelmehl
300 g Dinkelvollmehl
100 g Roggenmehl
250 g Weizenmehl, universal
1 EL Honig
5 EL Öl
1 EL Brotklee
20 g Brotgewürz
250 ml Milch, lauwarm
300 ml Wasser, lauwarm

Körner nach Belieben

Zubereitung

Quellstück:
Roggenkörner mit Wasser im Schnellkochtopf ca. 40 Minuten weich dünsten und abkühlen lassen.

Vorteig:
Alle Zutaten verrühren und 30 Minuten stehen lassen.

Hauptteig:
Alle Zutaten, Vorteig und Quellstück vermischen und zu einem mittelfesten Teig kneten (Flüssigkeitsmenge eventuell erhöhen). Teig zudecken und an einem warmen Ort zu doppeltem Volumen aufgehen lassen. Teig auf einer bemehlten Arbeitsfläche nochmals durchkneten und kurz entspannen lassen, vom Teig ca. 18 Teigstücke abstechen, etwas nachformen, auf das Blech setzen und nochmals ca. 20 Minuten gehen lassen. Backrohr auf 220 °C (OUH) vorheizen, Gebäck mit Wasser besprühen, mit Körnern bestreuen und bei 220 °C ca. 25 Minuten backen.

Knusper-pölster

Zubereitung

Milch, Germ und Honig in einer Rührschüssel verrühren und 5 Minuten stehen lassen; restliche Zutaten zugeben und Teig so lange kneten, bis er sich vom Schüsselrand löst (mit der Hand auf bemehlter Arbeitsfläche nochmals kurz durchkneten). Teig zugedeckt gehen lassen, bis sich das Volumen verdoppelt hat. Teig kurz durchkneten, Stücke abschneiden und diese zu

Mugala

kleinen Brötchen formen. Gebäck auf das vorbereitete Blech setzen und zugedeckt 40 Minuten gehen lassen. Backrohr auf 220 °C (OUH) vorheizen, Gebäck fest mit Wasser besprühen, mit Körnern bestreuen und bei 220 °C ca. 5 Minuten anbacken. Hitze auf 190 °C reduzieren und Brötchen ca. 15 Minuten fertig backen.

Zutaten

450 ml Milch (eher kühl)
15 g Germ, 1 EL Honig

600 g Weizenvollmehl
150 g Weizenmehl, glatt
50 ml Wasser, heiß
60 g Butter, weich
2 EL Zitronensaft
1 Ei, 2 TL Salz
2 TL Brotgewürz

Zutaten

500 g Weizenmehl, glatt
1 Pkg. Trockengerm
1/2 TL Salz
2 EL Butter, sehr weich
ca. 280 ml Wasser

Lauge:
1 l Wasser
50 g Speisenatron

Sesam, Bäckersalz,
Mohn … zum Bestreuen

Laugentrio

Zubereitung

Mehl, Trockengerm, Butter und Salz vermischen; mit dem Wasser zu einem weichen Germteig kneten. Teig zudecken und 45 Minuten gehen lassen. Germteig nochmals zusammenschlagen, gut durchkneten, gleich große Kugeln schleifen; auf einer bemehlten Arbeitsfläche nochmals kurz gehen lassen. Wasser mit Speisenatron in einem großen Topf zum Kochen bringen, Backblech mit Backpapier auslegen und Backrohr auf 200 °C (OUH) vorheizen. Gebäck mit einem Schöpflöffel kurz in die Lauge tauchen, herausnehmen; als „Trio" auf das vorbereitete Backblech legen. Brötchen einschneiden, mit Körnern bestreuen; bei 200 °C ca. 20 Minuten backen.

 Tipp

Laugengeback schmeckt am besten ganz frisch. Bei der Formgebung darf man seiner Fantasie freien Lauf lassen: Laugenbrötchen als Traube, Herz oder Sonne anordnen … selbstverständlich kann man auch andere Gebilde daraus formen – wie Brezeln, Knöpfe oder dergleichen.

Zutaton

280 g Wasser,
lauwarm
15 g Germ
300 g Dinkel-
mehl
200 g Dinkel-
vollmehl
2 TL Salz
1 TL Zucker
20 g Öl oder
Butter

Bäckersalz
und Kümmel
zum Bestreu-
en

Kümmerling

Zutaten

100 g Roggenmehl
150 g Dinkelmehl
100 g Dinkelvollmehl
150 g Weizenbrotmehl
18 g Salz
2 EL Kümmel, ganz
1 TL Honig
20 g Germ
2 EL Brotgewürz
200 ml Buttermilch, kalt
150 ml Wasser, heiß

Kümmel zum Bestreuen

Zubereitung

Alle Mehlsorten, Salz, Kümmel, Honig und Brotgewürz vermischen und Germ darüberbröckeln. Buttermilch und Wasser zugeben und einen weichen Germteig herstellen. Teig mit Mehl bestreuen und zugedeckt ca. 1 Stunde gehen lassen. Teig auf einer leicht bemehlten Arbeitsfläche nochmals gut durchkneten, Stücke abschneiden, diese zu Kugeln schleifen und auf das Blech legen. Teiglinge nochmals zudecken und weitere 30 Minuten rasten lassen. Backrohr auf 230 °C (OUH) vorheizen, Brötchen mit Wasser bestreichen, mit Kümmel bestreuen und bei 230 °C 5 Minuten anbacken, Temperatur auf 200 °C reduzieren und Brötchen 15 Minuten fertig backen.

Pilgerbunggerln

Zubereitung

Germ im Wasser auflösen, mit den restlichen Zutaten zu einem Germteig verkneten. Teig gut durchkneten, mit einem feuchten Tuch zudecken; 1 Stunde rasten lassen (Teig ab und zu zurückdrücken, damit die Luft herausgestoßen wird). Teig nochmals durcharbeiten, Stücke abstechen und zu Brötchen schleifen. Brötchen auf das vorbereitete Blech setzen; zugedeckt 30 Minuten gehen lassen. Backrohr auf 200 °C (OUH) vorheizen, Brot mit Wasser bestreichen, mit einem scharfen Messer einritzen, mit Kümmel und Salz bestreuen; bei 200 °C ca. 20 Minuten backen.

Müslibällchen

Zutaten

200 g Weizenmehl, glatt
200 g Dinkelmehl
60 g Weizenkleie
50 g Haferflocken
30 g Germ
2 TL Honig
1 KL Salz
1 EL Anissamen
ca. 320 ml Milch, lau-
warm
80 g Rosinen

Milch und Haferflocken

Zubereitung

Mehle, Kleie und Flocken in einer Rührschüssel vermischen und in der Mitte eine Grube machen. Germ hineinbröckeln und mit Honig und etwas Milch (von der Gesamtmenge wegnehmen) verrühren (= Dampfl), zudecken und ca. 10 Minuten gehen lassen. Salz, Anis und die restliche Milch zugeben und alles zu einem eher weicheren Germteig kneten, zum Schluss die Rosinen untermengen. Teig zudecken und 30 Minuten an einem warmen Ort gehen lassen. Teig nochmals kurz durchkneten, Stücke abschneiden und kleine Brötchen dar-

aus formen. Gebäck auf dem vorbereiteten Backblech nochmals 20 Minuten gehen lassen, Backrohr auf 180 °C (OUH) vorheizen, Müslibällchen mit Milch bestreichen, mit Haferflocken bestreuen und bei 180 °C ca. 30 Minuten backen.

✗ Tipp

Unter den Teig kann man auch klein gehackte, getrocknete Marillen oder anderes Trockenobst kneten. Wer süße Müslibälle haben will, kann auch etwas Rohrzucker unter den Teig kneten!

Reinbeißer

Zubereitung

Mehle, Salz, Kümmel und Honig vermischen, Germ darüberbröckeln und mit Butter, Olivenöl und Wasser zu einem geschmeidigen Teig ab-kneten. Teig mindestens 10 Minuten durchkneten, zudecken und 1 Stunde rasten lassen.

Teig nochmals durchkneten, in kleine Portionen teilen und kleine Weckerln daraus formen. Gebäck auf das vorbereitete Blech legen, mit Wasser bestreichen und je nach Belieben mit Körnern bestreuen. Backrohr auf 220 °C (OUH) vorheizen, Brötchen nochmals 20 Minuten gehen lassen und dann bei 220 °C ca. 20 Minuten backen.

Zutaten

650 g Weizenvollmehl
450 g Roggenvollmehl
42 g Germ
1 EL Salz
2 EL Kümmel
1 EL Honig
2 EL Butter, zimmerwarm
3 EL Olivenöl
750 ml Wasser, lauwarm

Zutaten

200 g Roggenmehl
450 g Weizenmehl, glatt
42 g Germ
5 EL Wasser
3 EL Sesam
1 EL Salz
1 Ei
250 ml Milch

Sesamkruste

Zubereitung

Mehle und Gewürze vermischen; in der Mitte eine Mulde machen, Germ hineinbröckeln, mit Wasser glatt rühren und 15 Minuten gehen lassen. Lauwarme Milch und Ei zugeben; einen mittelfesten Germteig kneten. Teig zudecken, zu doppeltem Volumen aufgehen lassen, Teig nochmals gut durchkneten, gleich große Stücke abschneiden und zu Kugeln schleifen. Gebäck auf das vorbereitete Blech setzen, mit Wasser bestreichen und mit Sesam bestreuen. Zugedeckt nochmals kurz gehen lassen, Backrohr auf 200 °C (OUH) vorheizen, Gebäck mit einem scharfen Messer einschneiden und bei 200 °C ca. 25 Minuten backen.

✗ Tipp
Brötchen nach dem Backen noch heiß mit flüssiger Butter bestreichen, so bekommen sie eine glänzende Oberfläche und die Kruste bleibt knusprig!

Rahmknöpfe

Zubereitung

Trockene Zutaten vermischen und mit den Flüssigkeiten zu einem glatten Germteig verkneten, Teig zudecken und 30 Minuten an einem warmen Ort gehen lassen. Teig nochmals kurz durchkneten, Stücke abschneiden und diese zu Knöpfen formen. Gebäck auf das vorbereitete Blech legen, zudecken und nochmals 20 Minuten gehen lassen. Backrohr auf 180 °C (OUH) vorheizen, Gebäck mit gewässerter Milch bestreichen, nach Belieben bestreuen und bei 180 °C ca. 25 Minuten backen.

Zutaten

300 g Weizenvollmehl
300 g Dinkelmehl
1 Pkg. Trockengerm
200 ml Schlagobers
200 ml Wasser, lauwarm
4 EL Öl
1 EL Honig
1 TL Meersalz

 Tipp
Sehr gut schmecken diese Knöpfe, wenn man Distel- oder Erdnussöl verwendet!

Weltmeisterkugel

Zutaten

500 g Dinkelvollmehl
500 g Weizenbrotmehl
3 EL Leinsamen
1 EL Brotgewürz
1 EL Salz
42 g Germ
ca. 750 ml Wasser,
lauwarm
2 EL Essig

Zubereitung

Mehl, Leinsamen, Brotgewürz, Salz vermischen, Germ hineinbröseln, lauwarmes Wasser dazugießen, sodass ein mittelfester, eher weicherer Teig entsteht. Teig gut durchkneten, zugedeckt zu doppeltem Volumen aufgehen lassen, nochmals kurz durchkneten, in gleichmäßige Stücke teilen und daraus Weckerln formen. Gebäck auf das vorbereitete Blech setzen, zudecken und 10 Minuten gehen lassen. Backrohr auf 210 °C (OUH) vorheizen, Brötchen mit Wasser besprühen, mit etwas Mehl bestreuen und bei 210 °C 5 Minuten anbacken, Hitze auf 190 °C reduzieren und 20 Minuten fertig backen.

 Tipp
Einen Teil der Flüssigkeit durch Molke ersetzen!

Salzstangerl

Zubereitung

Mehl, Trockengerm, Salz und Zucker in eine Schüssel geben, Milch und Margarine zugeben und einen seidig glatten Teig kneten.

Teig in 4 Kugeln teilen, auf ein bemehltes Blech legen und zugedeckt 30 Minuten rasten lassen.

Backrohr auf 180 °C (OUH) vorheizen, jede Teigkugel zu einem Kreis auswalken und mit einem Teigrad „Tortenstücke" ausradeln. Jedes Dreieck von der breiten Seite her einrollen und auf das Blech legen, Ei verquirlen, Stangerln damit bestreichen und mit Salz und Kümmel bestreuen.

Stangerln bei 180 °C ca. 25 Minuten backen.

Zutaten

500 g Weizenmehl, glatt
1 Pkg. Trockengerm
250 ml Milch, lauwarm
80 g Margarine, zimmerwarm
2 KL Salz
2 KL Zucker

1 Ei zum Bestreichen
Kümmel und Bäckersalz zum Bestreuen

Zutaten

550 g Weizenvollmehl
1 Pkg. Trockengerm
1 KL Salz
1 EL Fenchelsamen
1 EL Brotgewürz
420 g Wasser, lauwarm

Wildschönauer

Zubereitung

Mehl, Trockengerm und Gewürze vermischen und mit dem Wasser gut verrühren (Kochlöffel). Teig zudecken und 30 Minuten an einem warmen Ort rasten lassen. Backrohr auf 220 °C (OUH) vorheizen, mit einem bemehlten Esslöffel kleine Teigstücke abstechen, in Mehl tauchen und auf das vorbereitete Blech setzen. Brötchen bei 220 °C ca. 15 Minuten backen.

 Hinweis

Der Teig darf nach der Gehzeit nicht mehr durchgeknetet und auf dem Blech auch nicht nachgeformt werden. Das Wasser wiegen und nicht messen!

Sonntags-kipferl

Zutaten

500 g Weizenmehl, griffig
1 Prise Salz, 30 g Kristallzucker
250 ml Milch, lauwarm
100 g Butter, sehr weich
30 g Germ, 1 KL Honig

1 Dotter und 2 EL Milch zum
Bestreichen

Zubereitung

Germ, Honig und etwas Milch verrühren und 15 Minuten rasten lassen (= Dampfl), restliche Zutaten zugeben und zu einem geschmeidigen Teig verkneten. Teig zudecken und an einem warmen Ort 30 Minuten rasten lassen. Teig auf einer bemehlten Arbeitsfläche kurz durchkneten und 10 gleich große Stücke abschneiden. Jedes Teigstück mit dem Nudelholz zu einer ovalen Platte (3 mm dick) auswalken, von der schmalen Seite her eng einrollen, zu Kipferln formen und auf das vorbereitete Backblech legen.

Kipferln mit einem Tuch zudecken und nochmals 15 Minuten gehen lassen. Backrohr auf 180 °C (OUH) vorheizen, Dotter und Milch verquirlen, Kipferln damit bestreichen und bei 180 °C ca. 20 Minuten backen.

 Tipp
Die Kipferln kann man sehr gut einfrieren. Sie schmecken wie frisch gemacht, wenn man die gebackenen, ausgekühlten Kipferln tiefkühlt und sie unaufgetaut bei 180 °C ca. 5 Minuten aufbäckt.

 Hinweis
Wenn Sie nicht alle Kipferln auf einem Blech Platz haben, ist es sinnvoll, diese unter zwei Mal zu formen. Durch die lange Rastzeit gehen die Kipferln stark auf und verlieren ihre schöne Form.

Zutaten

500 g Roggenmehl
1 Pkg. Backpulver
1 EL Salz
1 TL Kümmel, gemahlen
1 TL Koriander, gemahlen
1 TL Fenchelsamen
500 ml Weizenbier

Zubereitung

Backrohr auf 180 °C (OUH) vorheizen, die trockenen Zutaten vermischen und mit dem Bier verrühren (Kochlöffel) mit einem bemehlten Löffel Stücke abstechen, diese mit bemehlten Händen zu Kugeln formen, in Roggenmehl wälzen und auf das vorbereitete Blech setzen. Brötchen sofort bei 180 °C ca. 30 Minuten backen.

Wildschützlaibchen

Tipp

Der Teig ist sehr weich, daher die Brötchen eher schlampig zusammenwirken, in Mehl wenden und auf das Blech setzen. So entsteht eine aufgerissene Oberfläche!

Zubereitung

Mehle, Trockengerm, Kleie, Salz, Sesam und Leinsamen vermischen. Flüssigkeiten, Honig und zimmerwarme Butter zugeben und alles zu einem geschmeidigen Teig verkneten. Teig zugedeckt 1 Stunde rasten lassen. Teig nochmals gut durchkneten, kleine Brötchen formen und diese als „Zwillinge" auf das Blech legen. Backrohr auf 190 °C (OUH) vorheizen, Brötchen zudecken und weitere 30 Minuten rasten lassen. Zwillinge mit Wasser bestreichen, je eines mit Mohn und Sesam bestreuen und bei 190 °C ca. 30 Minuten backen.

Zutaten

100 g Weizenmehl, glatt
100 g Weizenvollmehl, 50 g Weizenkleie, 300 g Dinkelvollmehl
2 Pkg. Trockengerm, 2 TL Salz

Zwilling

2 TL Sesam
2 TL Leinsamen
200 g Wasser, lauwarm
150 g Buttermilch, lauwarm
1 EL Honig, 50 g Butter
Mohn und Sesam zum Bestreuen

Anlassgebäck

Apfelbrot

Zutaten

Fruchtmasse:
250 g Feigen, 750 g Äpfel
150 g Walnüsse
250 g Rosinen
1 EL Kakaopulver
1 EL Zimtpulver
1 KL Neugewürz
250 g Rohrzucker
1/16 l Rum

Brotteig:
500 g Weizenmehl, glatt
1 Pkg. Backpulver
1 Prise Salz

Zubereitung

Fruchtmasse:
Feigen klein schneiden, Äpfel grob raspeln, Walnüsse halbieren; Nüsse, Feigen- und Apfelstücke in einer Schüssel vermischen, Rosinen, Kakaopulver, Gewürze und Rohrzucker zugeben und mit Rum übergießen. Zutaten gut miteinander vermischen, zudecken und über Nacht gut durchziehen lassen.

Brotteig:
Backrohr auf 175 °C (OUH) vorheizen, Mehl, Backpulver und Salz vermischen, zur Fruchtmasse geben und gut verkneten. Aus dem Teig Brote formen, auf das vorbereitete Backblech setzen und bei 175 °C ca. 70 Minuten backen.

✗ Tipp
Apfelbrot in Frischhaltefolie wickeln und vor dem Anschneiden mindestens 24 Stunden durchziehen lassen. So entfaltet sich das volle Aroma.

Sportlerbrot

Zubereitung

Kastenform mit Backpapier gut auslegen, Backrohr auf 150 °C (OUH) vorheizen, Rohrzucker in heißem Wasser auflösen; Topfen einrühren. Mehl, Gewürze, Natron und Körner mit dem Knethaken des Mixers verkneten, Topfengemisch und Buttermilch zugeben; alles gut verrühren (ev. etwas Wasser zugeben). Masse in die Form streichen und bei 150 °C ca. 2 Stunden backen.

✗ Hinweis

Dieses Brot essen viele Sportler vor einem großen Wettkampf! Da dieses Brot ohne Germ gebacken wird, ist es eine Alternative für Menschen mit Nahrungsmittelunverträglichkeiten bzw. für Menschen, die an Allergien leiden.

Zutaten

1 TL Rohrzucker
etwas heißes Wasser
60 g Topfen

500 g Vollmehl nach Belieben, 1 TL Brotgewürz
1 TL Salz, 1 TL Natron
2 EL Körner nach Belieben
375 ml Buttermilch

Tipp

Schokoladekrapfen:
Teig laut Rezept zubereiten; jedoch bevor man die Krapfen im heißen Fett herausbäckt, Kugeln formen. Diese etwas flach drücken und mit Schokolade-, Mozart- oder Rumkugeln, Schokolade- oder Nougatstücken füllen. Teig über der Füllung gut zusammendrücken und zu Kugeln formen (darauf achten, dass die Teignaht gut verschlossen ist).

Faschings-krapfen

Zutaten

Dampfl:
1/16 l Milch, lauwarm
20 g Germ, 1 EL Zucker

300 g Weizenmehl, glatt
1/16 l Milch, lauwarm
60 g Butter
30 g Staubzucker
1 Prise Salz
1 EL Zitronensaft
1 EL Rum, 3 Dotter

Butterschmalz, Kokosfett
oder Öl zum Ausbacken
Marillenmarmelade zum
Füllen

Zubereitung

Dampfl:
Germ und Zucker in der lauwarmen Milch auflösen und mit 3 EL vom Mehl verrühren. Dampfl zudecken und an einem warmen Ort 15 Minuten gehen lassen. Mehl in eine Schüssel sieben und mit Salz und Zucker vermischen, Butter und Milch erwärmen, Dotter zugeben, abkühlen lassen und zum Mehl geben. Dampfl, Zitronensaft und Rum ebenfalls zugeben und den Teig seidig glatt abschlagen, Germteig zudecken und an einem warmen Ort 40 Minuten gehen lassen. Arbeitsfläche leicht bemehlen. Teig nochmals durchkneten und 20 Stücke abschneiden, Kugeln schleifen (schön glatt und ohne Naht) und zugedeckt weitere 40 Minuten gehen lassen. Fett in einer großen Pfanne auf ca. 170 °C erwärmen, Krapfen in das Fett legen (mit der Oberseite nach unten) und schwimmend zugedeckt ca. 2 Minuten backen. Krapfen mit einem Kochlöffelstiel am Rand leicht anstupsen, sodass sie sich umdrehen, Krapfen offen weitere 3 Minuten fertig backen; mit einem Schöpflöffel herausnehmen. Gebäck auf Küchenrollenpapier gut abtropfen und auskühlen lassen. Marmelade in einen Spritzsack mit dünner Tülle füllen, Krapfen damit füllen und mit Staubzucker bestreuen.

Hinweis

Temperatur prüfen: das Fett sollte immer heiß genug sein – dafür einen hölzernen Kochlöffelstiel anfeuchten und in das heiße Fett halten – bilden sich viele Bläschen, ist das Fett heiß genug.

Villgratner Osterbrot

Zutaten

120 ml Weißwein, 2 EL Anissamen
2 Gewürznelken, 1 Zimtrinde
50 g Rohrzucker, 500 g Weizenmehl,
glatt; 30 g Germ, 500 g Weizenvoll-
mehl, 50 g Rohrzucker (zum 2. Mal),
15 g Salz, 500 ml Milch, lauwarm
140 g Schweineschmalz (oder But-
ter), sehr weich
1 Dotter, etwas Milch oder flüssiges
Schlagobers zum Bestreichen

Zubereitung

Wein, Gewürze und Rohrzucker aufkochen und abkühlen. Germ in etwas
Milch auflösen; gemeinsam mit den
anderen Zutaten vermischen, restliche
Milch und abgekühlten Wein dazugeben; einen geschmeidigen Germteig
abkneten. Teig zudecken, 1 Stunde
rasten lassen, nach 30 Minuten zurückdrücken, durchkneten, teilen, Brote
formen und auf das vorbereitete Blech
legen. Gebäckstücke zudecken und
15 Minuten ruhen lassen. Backrohr auf
190 °C (OUH) vorheizen, Brote mit verquirltem Dotter-Milchgemisch bestreichen; bei 190 °C 45 Minuten backen.

 Tipp

5 Minuten vor Backzeitende Brote
nochmals mit Dottermilch bestreichen – gibt eine schöne Farbe. In
Osttirol wird vor dem Backen mit
einem Holzstäbchen ein Kreuz-
muster in die Oberfläche gedrückt.
Das Rezept stammt von den Be-
sitzern der „Wurzermühle" im Ost-
tiroler Villgratental.

Zubereitung

Germ und Zucker glatt rühren, lauwarme Milch und Mehl zugeben; gut verrühren. Dampfl zudecken, 20 Minuten
gehen lassen, bis Risse an der Oberfläche sichtbar sind. Butter zerlassen,
Milch zugeben, auf Zimmertemperatur
abkühlen lassen. Mehl, Salz, Ei, Dotter,
Kristallzucker, Vanillezucker und Zitronensaft vermischen. Dampfl und Milchgemisch zugeben; alles zu einem glatten Teig verkneten, an einem warmen
Ort 1 Stunde zugedeckt gehen lassen,
bis sich das Volumen verdoppelt hat.
Teig auf leicht bemehlter Arbeitsfläche
nochmals durchkneten, in 4 Portionen
teilen, Teigstücke zu Kugeln schleifen,
auf das Blech legen und mit einem
Schöpflöffel in der Mitte niederdrücken.
Brote zugedeckt nochmals 15 Minuten
gehen lassen, Backrohr auf 170 °C
(OUH) vorheizen, Fochaz mit einer Gabel mehrmals einstechen, Ei mit etwas
Wasser verquirlen, Gebäck damit bestreichen, mit Hagelzucker bestreuen.
Brot bei 170 °C 25 Minuten backen.

Fochaz

Zutaten

42 g Germ, 125 ml Milch
20 g Kristallzucker
50 g Weizenmehl, glatt
450 g Weizenmehl, glatt
1 Prise Salz, 125 ml Milch
100 g Butter, 1 Ei, 3 Dotter
100 g Kristallzucker
1 Pkg. Vanillezucker
1 EL Zitronensaft
1 Ei zum Bestreichen
Hagelzucker zum Be-
streuen

 Tipp

Fochaz ist ein traditio-
nelles Tiroler Osterbrot.
Damit es richtig gelingt,
drückt man es mit einem
Schöpflöffel, den man
vorher in Mehl taucht, in
der Mitte etwas nieder,
sodass ein etwas dicke-
rer Rand entsteht und
das Gebäck in der Mitte
eher dünn ist.

Osterpinze

✗ Tipp

Die Schere zwischendurch immer wieder in kaltes Wasser tauchen, damit der Teig nicht kleben bleibt.

warmen Ort ca. 30 Minuten rasten lassen. Teig auf einer leicht bemehlten Arbeitsfläche nochmals gut durchkneten und in gleich große Stücke teilen, Teigstücke zu Kugeln schleifen, sodass eine glatte Oberfläche entsteht. Kugeln auf das vorbereitete Blech setzen, zudecken und nochmals 40 Minuten gehen lassen. Teigkugeln mit verquirltem Ei bestreichen und mit einer Küchenschere sternförmig dreimal einschneiden, Pinzen zudecken und 15 Minuten rasten lassen. Backrohr auf 180 °C (OUH) vorheizen und Gebäck darin ca. 30 Minuten backen.

Zutaten

70 g Kartoffeln
550 g Weizenmehl, glatt
25 g Germ
1 KL Kristallzucker
100 g Butter, zerlassen
ca. 130 ml Milch, lauwarm
3 Dotter, 3 EL Rum
1 Prise Salz
120 g Staubzucker
1 Ei zum Bestreichen

Zubereitung

Kartoffel kochen, schälen, noch heiß mit einer Gabel zerdrücken und auskühlen lassen. Mehl in eine Schüssel geben, eine Mulde eindrücken und Germ hineinbröseln. Zucker und Milch zugeben, verrühren und 15 Minuten rasten lassen (= Dampfl). Restliche Zutaten und passierte Kartoffeln zum Mehl geben und ca. 10 Minuten zu einem glatten, geschmeidigen Teig verkneten. Teig zugedeckt an einem

Godlbreze

Zubereitung

Mehl und Trockengerm vermischen, restliche Zutaten zugeben und alles zu einem geschmeidigen Germteig abkneten, zum Schluss die Rosinen einarbeiten und den Germteig zugedeckt ca. 1 Stunde gehen lassen. Teig auf einer leicht bemehlten Arbeitsfläche durchkneten, teilen, jedes Teigstück zu einem Strang formen (= „wuzeln") und 2 Brezen flechten. Gebäck auf das vorbereitete Blech legen und zugedeckt nochmals gehen lassen. Backrohr auf 180 °C (OUH) vorheizen, Brezen mit verquirltem Ei bestreichen und bei 180 °C ca. 30 Minuten backen.

Zutaten

*500 g Weizenmehl, glatt
oder universal
1 KL Salz
1 Pkg. Trockengerm
75 g Butter, zimmerwarm
250 ml Milch, lauwarm
25 g Zucker, 2 Dotter
1 Pkg. Vanillezucker
Saft und Schale einer
Zitrone, 2 EL Rum
Rosinen nach Geschmack
Ei zum Bestreichen*

 Hinweis

Zu Ostern und zu Allerheiligen warten die Godlkinder schon sehnsüchtig auf ihren Godlpack. Machen Sie Ihren Lieben eine Freude und backen Sie selbst – es ist keine Hexerei und schmeckt gleich nochmal so gut. Einen Hirsch für die Buben, eine Henne für die Madln oder ganz neutral eine Godlbreze!

Tipp

Dieses Rezept reicht für zwei Striezel! Nachdem die Stränge „gewuzelt" sind, lasse ich sie nochmals kurz gehen, forme sie nach und mache erst dann den Striezel daraus – so wird das Aufreißen an der Oberfläche verhindert.

Zutaten

500 g Weizenmehl, glatt
500 g Weizenmehl, universal
100 g Kristallzucker
42 g Germ
150 g Margarine, sehr weich
1 Prise Salz
2 Eier
etwas Zitronensaft
5 Tropfen Bittermandelaroma
500 ml Milch, lauwarm

1 Ei zum Bestreichen
Hagelzucker zum Bestreuen

Zubereitung

Mehle in einer Schüssel vermischen und in der Mitte eine Grube machen. Germ hineinbröckeln, mit etwas Zucker und etwas Milch (von der Gesamtmenge entnehmen) glatt rühren und 15 Minuten rasten lassen (= Dampfl).

Restliche Zutaten zugeben und mit dem Knethaken der Küchenmaschine einen glatten Teig verkneten (Teig so lange kneten, bis er sich vom Schüsselrand löst).

Germteig zudecken und 40 Minuten gehen lassen. Backrohr auf 50 °C (OUH) vorheizen, Teig nochmals kurz durchkneten, vierteln und jedes Teigstück zu einem ca. 50 cm langen Strang formen („wuzeln") und einen Vierstrangzopf flechten (siehe Seite 60).

Striezel auf das vorbereitete Blech legen, mit verquirltem Ei bestreichen und mit Hagelzucker bestreuen, Striezel in das vorgeheizte Backrohr schieben und bei 50 °C (OUH) gehen lassen. Nach 15 Minuten die Temperatur auf 170 °C erhöhen und Striezel ca. 40 Minuten fertig backen.

Allerheiligenstriezel

Tipp

Diese Migala schmecken aufgrund der „Weihnachtsgewürze" in der Adventzeit besonders gut.

Zubereitung

Germ mit Honig und Milch verrühren, mit etwas Mehl bestauben und 15 Minuten stehen lassen (= Dampfl). Mehle mit den restlichen Zutaten (außer Rosinen und Milch) vermischen, Dampfl und Milch zugeben und einen mittelfesten Germteig herstellen. Teig zudecken und 1 Stunde rasten lassen. Rosinen unterkneten und Teig nochmals zugedeckt 20 Minuten rasten lassen. Backrohr auf 200 °C (OUH) vorheizen, Teig durchkneten, Stücke abstechen, Stangen formen und jeweils vier davon dicht aneinanderliegend auf das vorbereitete Blech legen. Gebäck zudecken und nochmals gehen lassen.

Gebäck mit verquirltem Dotter bestreichen und bei 200 °C ca. 20 Minuten backen.

Migala

Zutaten

42 g Germ
3 EL Honig
25 ml Milch, lauwarm
350 g Weizenbrotmehl
200 g Roggenmehl
70 g Kristallzucker
2 EL Zimtpulver
1 EL Nelkenpulver
1 Prise Salz
1 Msp. Muskatnuss
70 g Butter, zimmerwarm
300 ml Milch, lauwarm
Rosinen nach Geschmack
1 Dotter, 2 EL Milch zum Bestreichen

Zutaten

15 g Germ
10 g Salz
40 g Kristallzucker
2 Eier
500 g Weizenmehl, uni-
versal
60 g Butter, weich
250 ml Milch, lauwarm
1 Ei und 3 EL Milch zum
Bestreichen
Rosinen und roten Filz
zum Dekorieren

Krampus

Zubereitung

Germ und Zucker in der Milch auflösen. Mehl, Salz und Milchgemisch verrühren; zum Schluss Butter und Eier
zugeben, einen weichen Germteig herstellen, zudecken und 1 Stunde rasten
lassen (Teig sollte mindestens zu doppeltem Volumen aufgehen). Arbeitsfläche mit Mehl bestreuen, Teig darauf
kurz durchkneten, Stücke abschneiden, einen Krampus daraus formen
und diesen auf das vorbereitete Blech
legen. Gebäck zudecken und nochmals 20 Minuten rasten lassen.
Backrohr auf 220 °C (OUH) vorheizen,
Ei und Milch verquirlen und Krampus
damit bestreichen. Rosinen (= Augen)
und eine rote Zunge (aus Filz) anbrin-
gen und Krampus bei 220 °C 10 Minuten anbacken, Hitze auf 180 °C reduzieren; Krampus 15 Minuten fertig
backen.

✗ Hinweis

Dieser Teig eignet sich für ver-
schiedenes Gebildegebäck oder
kann ganz einfach nur zu kleinen
Brötchen geformt werden. Die
Gebäckstücke kann man auch mit
Hagelzucker oder Mandelblättchen bestreuen.
Danke dem Bäcker Klaus Oberhammer für seine hilfreichen
Tipps und für das Zuflüstern von
seinen Bäckergeheimnissen. Dieses Krampusbild stammt von der
Bäckerei Oberhammer (Fügen).

Zubereitung

Fruchtmasse:
Dörrbirnen mit etwas Wasser halb-
weich kochen, abseihen und klein
schneiden. Feigen, Rosinen, Dörrpflaumen und Aranzini klein schneiden. Früchte und zerkleinerte Nüsse
mit Gewürzen vermischen, Rum
darübergießen und zugedeckt über
Nacht ziehen lassen.

Zeltenbrot:
Mehle vermischen und in der Mitte
eine Grube machen, Germ hineinbröseln, mit Zucker und etwas Wasse
zu einem Brei anrühren, mit Mehl bedecken und 15 Minuten gehen lassen
(= Dampfl). Gewürze zugeben und m
dem restlichen Wasser zu einem
mittelfesten Teig verkneten. Teig gut
durchkneten, zudecken und zu doppeltem Volumen aufgehen lassen.
Backrohr auf 210 °C (OUH) vorheize
vom aufgegangenen Brotteig etwa
1/4 für die Hülle beiseitelegen, restlichen Teig mit der Fruchtmasse verkn
ten und Laibe formen. Den beiseite-
gelegten Teig dünn ausrollen, mit Wa
ser bestreichen und die Laibe darin
einschlagen, mit der Naht nach unter
auf das vorbereitete Blech legen und
zugedeckt 15 Minuten gehen lassen.
Zelten mit versprudeltem Ei bestreichen und mit einer Gabel gut einstechen. Zelten bei 210 °C ca. 10 Minuten anbacken, Hitze auf 180 °C reduzieren; weitere 45 Minuten fertig
backen.

Tipp

Der Brotteig ist beim Kneten sehr klebrig, trotzdem kein weiteres Mehl zugeben. Teig während der Gehzeit mehrmals zurückdrücken.

 Hinweis

Zelten vor dem Anschneiden 2 bis 3 Tage durchziehen lassen – so entfaltet er sein volles Aroma. Dieser Zelten hält sich in einer luftdicht verschlossenen Dose mehrere Wochen.

Zutaten

Fruchtmasse:
200 g Dörrbirnen
200 g Feigen
100 g Rosinen
100 g Dörrpflaumen
100 g Hasel- oder Walnüsse
50 g Aranzini (oder Zitronat)
1 Pkg. Zeltengewürz
1 KL Zimtpulver
250 ml Rum

Brotteig:
375 g Roggenmehl
375 g Weizenbrotmehl
21 g Germ
1 EL Zucker
500 ml Wasser, lauwarm
1 KL Kümmel
1 KL Fenchel
1 KL Anissamen
1 KL Salz
1 Ei zum Bestreichen

Zelten

Panettone

… eine Mailänder Spezialität, deren hohe, gewölbte Form an die Kirchenkuppeln in der Lombardei erinnert, ist der traditionelle Weihnachtskuchen der Italiener …

Zutaten

650 g Weizenmehl, glatt
60 g Germ
250 ml Milch, lauwarm

200 g Margarine
150 g Kristallzucker
1 Prise Salz
6 Dotter
2 EL Zitronensaft
3 EL Rum ODER Grappa

70 g Aranzini, gehackt
70 g Zitronat, gehackt
40 g Mandelstifte
100 g Rosinen

 Tipp
Das Papier erst kurz vor dem Servieren entfernen, so bleibt der Panettone saftig. Angeschnittenen Kuchen in Frischhaltefolie wickeln, so trocknet er nicht aus. Durch die vielen „Gehzeiten" wird der Panettone besonders flaumig – diese daher unbedingt einhalten.

Zubereitung

Mehl in eine Schüssel geben und eine Mulde in die Mitte drücken; zerbröselten Germ mit Milch verrühren, in die Teigmulde gießen und mit etwas Mehl verrühren. Dampfl mit Mehl bestauben und zugedeckt ca. 20 Minuten gehen lassen. Zimmerwarme Margarine, Zucker, Salz und Zitronensaft flaumig rühren, verquirlte Dotter und Rum zugeben und diesen Abtrieb zum Mehl geben. Mit dem Knethaken der Küchenmaschine so lang kneten, bis der Teig Blasen wirft (eventuell etwas Mehl zugeben). Teig zudecken und 50 Minuten gehen lassen; nochmals durchkneten und dabei Aranzini, Zitronat, Mandeln und Rosinen unterkneten. Teig zudecken und erneut 50 Minuten gehen lassen. Einen Kochtopf (20 cm Durchmesser, mind. 15 cm Höhe) gut mit Backpapier auslegen, dabei sollte das Backpapier 5 cm höher sein als der Kochtopf. Teig durchkneten, in den Topf füllen und zugedeckt 40 Minuten gehen lassen. Backrohr auf 180 °C (OUH) vorheizen und Panettone auf unterster Schiene 30 Minuten backen. Kuchen mit Alufolie abdecken und weitere 50 Minuten fertig backen. Panettone im Topf vollständig erkalten lassen und ausgekühlt mit dem Papier aus dem Topf heben.

Zubereitung

Milch und Butter erwärmen, auf Zimmertemperatur abkühlen lassen und Germ darin auflösen. Mehl in eine Schüssel sieben, restliche Zutaten zugeben und mit dem Milchgemisch einen glatten Teig kneten. Teig zudecken und 1 Stunde gehen lassen.

Für die Füllung Milch, Zucker, Honig und Rum aufkochen; Nüsse und Zimtpulver zugeben und unter öfterem Umrühren 5 Minuten quellen lassen, Nussfüllung abkühlen lassen.

Germteig nochmals gut durchkneten, auf einer leicht bemehlten Arbeitsfläche 1/2 cm dick ausrollen. 20 Scheiben (Ø 10 cm) ausstechen, die Hälfte davon auf das vorbereitete Blech legen und die Ränder mit verquirltem Dotter bestreichen. Nussfüllung darauf verteilen und dabei einen ca. 1 cm breiten Rand frei lassen, eine Teigscheibe darauflegen, Teigränder mit den Fingern gut andrücken. Oberfläche mit Dotter bestreichen, aus dem restlichen Teig Ohren und Rüssel formen, auf die bestrichenen Scheiben drücken und Rosinen als Augen eindrücken. Backrohr auf 180 °C (OUH) vorheizen und Schweine darin ca. 25 Minuten backen.

Zutaten

550 g Weizenmehl, glatt
42 g Germ, 250 ml Milch
1 Pkg. Vanillezucker
Zitronensaft, 3 EL Honig
50 g Staubzucker
50 g Butter
1 Prise Salz, 2 Eier

Füllung:
200 g Walnüsse, gerieben
1/8 l Milch, 30 g Zucker
3 EL Honig, 1 EL Rum
1 KL Zimtpulver

1 Dotter zum Bestreichen
Rosinen für die Augen

✗ Tipp
In die Fülle kann man in Alufolie verpackte Wünsche einarbeiten. Die abgekühlten Schweine in Cellophan verpacken und als Überraschung bei der Silvesterparty verschenken!

Dickes Glücksschwein

Partygebäck

Zutaten

500 g Weizenmehl, glatt
1 Pkg. Trockengerm
10 g Salz, 10 g Olivenöl

7 g Zucker
360 ml Wasser, lauwarm
Schwarzkümmel, Sesam oder
grobes Salz zum Bestreuen

Brotknochen

Zubereitung

Trockene Zutaten vermischen und mit den Flüssigkeiten zu einem weichen Germteig verkneten (Knetdauer mindestens 5 Minuten). Eine Schüssel mit Öl ausstreichen, Teig hineinlegen und zugedeckt ca. 1,5 Stunden gehen lassen. Teig auf eine leicht bemehlte Arbeitsfläche geben, teilen und in längliche Formen bringen (Teig nicht zu viel durchkneten, damit Luft im Teig bleibt). Gebäck auf das vorbereitete Blech legen, zudecken und 20 Minuten ruhen lassen. Teig nochmals nachformen, mit Wasser bestreichen und mit den Fingerkuppen tief eindrücken. Sesam, Salz oder Schwarzkümmel auf dem Gebäck verteilen und nochmals 20 Minuten ruhen lassen. Backrohr auf 230 °C (OUH) vorheizen und Knochen darin ca. 25 Minuten backen.

Zutaten

500 g Weizenmehl, glatt
2 TL Salz, 42 g Germ
250 ml Milch
140 g Butter
1 EL Honig
30 g Butter zum Bestreichen
Körner zum Bestreuen

Dachziegelbrot

Zubereitung

Butter schmelzen, Milch zugeben; auf Zimmertemperatur abkühlen lassen. Honig und Germ dazugeben und darin auflösen. Mehl und Salz in einer Rührschüssel vermischen; mit dem Milchgemisch einen weichen Germteig herstellen. Teig kräftig durchkneten, zu einer Kugel formen und zugedeckt ca. 1 Stunde gehen lassen. Arbeitsfläche dünn mit Mehl bestreuen, Teig darauf nochmals durchkneten. Eine fingerdicke Platte ausrollen; daraus zuerst 5 cm breite Streifen, dann Rauten (schräg) schneiden. Butter zerlassen; Teigrauten damit bestreichen. Blech mit Backpapier auslegen, in die Mitte einen Teller stellen (Kreisstütze), Teigrauten dachziegelartig um den Teller legen, mit Körnern bestreuen; zugedeckt 30 Minuten rasten lassen. Rohr auf 230 °C (OUH) vorheizen; Brot darin 25 Minuten braun backen. Dachziegelbrot vorsichtig auf ein Kuchengitter heben; dort auskühlen lassen.

Knäckebrot

Zubereitung

Zwei Backbleche mit Backpapier belegen, Backrohr auf 170 °C (HL) vorheizen, alle Zutaten in eine Schüssel geben, miteinander vermischen und auf die vorbereiteten Bleche dünn aufstreichen. Bei 170 °C ca. 15 Minuten backen, in Stücke schneiden und dann bei gleicher Temperatur ca. 40 Minuten fertig backen.

Zutaten

120 g Dinkelmehl
120 g Haferflocken
100 g Sonnenblumen-kerne
50 g Sesam
50 g Leinsamen
1/2 TL Salz
2 EL Olivenöl
500 ml Wasser

 Tipp

Das Knäckebrot muss unbedingt nach der Anbackzeit geschnitten werden, da es sonst hart wird und ein Zerteilen nicht mehr möglich ist. Knäckebrot sollte man offen aufbewahren, dann bleibt es schön knusprig!

Für alle Naschkatzen

60 g Kristallzucker unter den Teig kneten und gehen lassen. In einem flachen Teller 60 g Rohrzucker mit 1 EL Zimtpulver vermischen und die mit Butter bestrichenen Rauten in der Mischung wenden und dann kreisförmig um den Teller legen. Damit der Zucker karamellisieren kann, Gebäck ca. 5 Minuten länger im Backrohr lassen.

Zutaten

20 g Germ, 1/2 TL Salz
1 Prise Kristallzucker
125 ml Wasser, lauwarm
125 g Dinkelmehl
125 g Weizenmehl, glatt
4 EL Olivenöl
Mohn oder Sesam zum
Bestreuen

Grissini

Zubereitung

Germ und Zucker glatt rühren, mit dem Wasser verrühren und 10 Minuten stehen lassen (= Dampfl), restliche Zutaten in einer Rührschüssel vermischen und mit dem Germgemisch zu einem glatten Teig kneten.

Teig zudecken und 30 Minuten ruhen lassen (Teigvolumen soll sich verdoppeln). Teig auf einem Nudelbrett nochmals gut durchkneten, ca. 1 cm dick ausrollen und 1 cm breite Streifen daraus schneiden.

Streifen auf das vorbereitete Blech legen und nochmals 15 Minuten gehen lassen. Backrohr auf 200 °C (HL) vorheizen, Grissini mit gewässerter Milch bestreichen, mit Körnern bestreuen und bei 200 °C ca. 12 bis 14 Minuten backen.

Zubereitung

Mehl in eine Schüssel sieben, Germ in die Mitte hineinbröseln und mit Wasser verrühren (= Dampfl). Dampfl mit Mehl bestreuen und zugedeckt ca. 15 Minuten gehen lassen. Öl, Wasser und Gewürze zugeben und alles zu einem glatten, geschmeidigen Teig verkneten. Teig zudecken und zu doppeltem Volumen aufgehen lassen, Teig auf der Arbeitsfläche nochmals gut durchkneten und fingerdick ausrollen. Herzen ausstechen, auf das Blech legen und zugedeckt nochmals 20 Minuten gehen lassen. Backrohr auf 200 °C (OUH) vorheizen, Teigherzen mit Olivenöl bestreichen und bei 200 °C ca. 25 Minuten backen.

✗ Tipp
Sehr gut schmecken diese Herzen, wenn man 2 EL Kräuter unter den Teig knetet.

Herzhafte Brotbegleiter

Zutaten

600 g Weizenmehl, glatt
20 g Germ
1/16 l Wasser
1/8 l Olivenöl
1/8 l Wasser

je 2 KL Salz, Pizzagewürz und Knoblauchpulver (oder 2 zerdrückte Knoblauchzehen)
Olivenöl zum Bestreichen

Zubereitung

Backrohr auf 180 °C (OUH) vorheizen. Mehle, Salz, Brotgewürz, Sesam und Speckwürfel vermischen, Flüssigkeit mit einem Kochlöffel unterrühren, Teig mit einem Esslöffel abstechen, mit etwas Mehl nachformen und auf das vorbereitete Blech setzen. Brötchen bei 180 °C ca. 40 Minuten backen.

Männergenuss

 Tipp
Sehr gut schmecken diese Brötchen, wenn man statt Speck 200 g Röstzwiebel oder klein gehackte Oliven unterknetet.

Zutaten

350 g Weizenmehl, glatt
150 g Dinkelmehl
1 EL Salz, 2 EL Sesam
1 EL Brotgewürz
500 ml Bier oder Mineralwasser
200 g Speck, klein gewürfelt

Jourgebäck

Zubereitung

Germ in der lauwarmen Milch auflösen, 10 Minuten stehen lassen, trockene Zutaten in einer Rührschüssel vermischen. Germgemisch und Flüssigkeiten zugeben und einen ziemlich festen Teig kneten. Teig zudecken und gehen lassen, bis sich das Teigvolumen verdoppelt hat. Teig auf der Arbeitsfläche nochmals gut durchkneten und beliebig formen (kleine Stücke), Gebäck auf das vorbereitete Blech setzen und zugedeckt nochmals 20 Minuten rasten lassen. Backrohr auf 180 °C (OUH) vorheizen, Gebäck mit gewässerter Milch bestreichen, mit verschiedenen Körnern bestreuen und bei 180 °C ca. 20 Minuten backen.

 Tipp
Dieses Gebäck ergänzt optimal das Kalte Buffet!

Zutaten

42 g Germ	1 EL Salz, 1 TL Brotgewürz
100 ml Milch	1 TL Kümmel, ganz
250 g Weizenmehl, glatt	300 ml Wasser, lauwarm
250 g Weizenvollmehl	100 ml Milch, lauwarm
500 g Dinkelmehl	Körner zum Bestreuen

Zutaten

250 g Dinkelmehl, 4 EL Öl
Salz, 10 EL Wasser
Sesam, Kümmel, …

 Tipp
Schnell geht's, wenn man mit dem Messer kleine Vierecke abschneidet. Die Chips sind kalorienärmer als gekaufte; sie halten in einer luftdichten Dose mehrere Wochen.

Zubereitung

Backrohr auf 170 °C (HL) vorheizen, alle Zutaten verkneten; zu einer Wurst formen (eventuell noch etwas Wasser zugeben). Teig teilen, jedes Teil zu einer sehr dünnen Platte ausrollen, Stücke abschneiden oder mit Keksausstechern kleine Formen ausstechen. Chips auf das Blech legen, mit Wasser besprühen und mit Sesam oder anderen Körnern bestreuen. Chips bei 170 °C ca. 25 Minuten backen.

Lungauer Brotchips

Gefüllte Brotkugel

Zubereitung

Mehl, Trockengerm, Salz, Zucker und Kümmel vermischen, zerlassene Butter und Milch zugeben; alles zu einem glatten Teig verkneten. Teig händisch nochmals 5 Minuten fest durchkneten, mit Mehl bestauben, zudecken und zu doppeltem Volumen aufgehen lassen. Für die Füllung Gorgonzola mit einer Gabel zerdrücken, restliche Zutaten dazugeben und zu einer kompakten Masse abrühren, mit Salz und Pfeffer abschmecken; kalt stellen.

Teig auf einer bemehlten Arbeitsfläche nochmals kurz durchkneten; gleich große Stücke abschneiden, jedes Stück mit dem Nudelwalker etwas ausrollen, 1 EL Füllung darauf verteilen, Teigenden über der Füllung gut zusammendrücken und Teigstücke zu Kugeln formen. Kugeln auf das vorbereitete Blech legen und zugedeckt 30 Minuten gehen lassen. Backrohr auf 220 °C (OUH) vorheizen, Teigkugeln mit Öl bestreichen, mit Körnern bestreuen und bei 220 °C ca. 20 Minuten backen.

 **Variante** ━━━━━━
250 g geputzten Lauch und 70 g Schinken in feine Streifen schneiden; 20 g Frühstücksspeck klein würfeln, in einer beschichteten Pfanne anbraten. Lauch untermischen und unter Rühren kurz mitbraten. Schinken untermischen und mit Salz und Pfeffer würzen.

Zutaten

500 g Weizenmehl, glatt; 2 KL Salz
315 ml Milch, lauwarm (ca. 5/16 l)
1 Pkg. Trockengerm
1 KL Kristallzucker
1 KL Kümmel, ganz
50 g Butter, zerlassen

für die Fülle:
100 g Gorgonzola
100 g Emmentalerkäse, gerieben
100 g Topfen (20 %)
3 EL Haselnüsse, gerieben
1 Ei, Salz, Pfeffer

Öl zum Bestreichen, Körner zum Bestreuen

 Tipp ━━━━━━
Die Kugeln kann man sehr gut tiefkühlen. Vor Verwendung etwa 1 Stunde auftauen lassen; dann im vorgeheizten Backrohr bei 200 °C 10 Minuten aufbacken. Darauf achten, dass die Kugeln gut verschlossen sind (sonst läuft der Käse beim Backen aus).

Zutaten

200 g Weizenmehl, glatt
100 g Weizenvollmehl
1 Pkg. Trockengerm
2 KL Salz
3 KL Öl
200 ml Wasser, lauwarm
1 Pkg. Röstzwiebel
1 Ei zum Bestreichen

Tränen-brötlein

Zubereitung

Mehle, Germ, Salz und Röstzwiebel (5 EL zum Bestreuen beiseitestellen) vermischen. Öl und lauwarmes Wasser zugeben und einen weichen Teig abkneten. Teig zudecken und 40 Minuten rasten lassen. Teig nochmals durchkneten, Brötchen formen und auf das vorbereitete Blech setzen, an einem warmen Ort zugedeckt zu doppeltem Volumen aufgehen lassen. Backofen auf 200 °C (OUH) vorheizen, Brötchen mit verquirltem Ei bestreichen, mit Röstzwiebel bestreuen und bei 200 °C 20 Minuten backen.

Süße Nascherei

Zubereitung

Eine hitzebeständige Platte mit Alufolie überziehen. Zucker in einer beschichteten, kleinen Pfanne erhitzen und leicht karamellisieren lassen, Sesam und Butter zugeben und schnell verrühren. Masse sofort auf die vorbereitete Platte streichen, abkühlen lassen und Portionen abbrechen.

Zutaten

6 EL Kristall- oder Rohrzucker
6 EL Sesam
2 TL Butter

 Tipp
Als Platte kann man eine Marmorplatte oder ein Haushaltsblech verwenden.

Panino italiano

Zutaten

30 g Germ
1 Prise Zucker
200 g Dinkelmehl
200 g Weizenmehl, glatt
200 ml Wasser, lauwarm
1 TL Salz
5 EL Olivenöl

Zubereitung

Germ und Zucker in etwas Wasser (von den Hauptzutaten) auflösen und 10 Minuten gehen lassen (= Dampfl). Mehle, Salz und Olivenöl in einer Schüssel vermischen; mit dem Dampfl und Wasser zu einem geschmeidigen Teig verkneten, zudecken und 30 Minuten gehen lassen. Teig nochmals gut durchkneten, 2 cm dick auswalken und zu länglichen Vierecken formen. Panini auf das vorbereitete Blech legen, zudecken; nochmals 15 Minuten ruhen lassen. Backrohr auf 200 °C (OUH) vorheizen, Gebäck mit Wasser bestreichen; bei 200 °C 20 Minuten backen.

Varianten

X **Panino pomodoro** ——————
Klein geschnittene, getrocknete Tomaten in den Grundteig kneten oder auf die Oberfläche streuen.

X **Panino oliva** ——————
Klein geschnittene Oliven (grün/schwarz) unter den Teig kneten und auf die Oberfläche streuen.

X **Panino aglio oder panino cipolla** ▬
Gepresste Knoblauchzehen oder geröstete Zwiebelwürfel unter den Teig kneten.

X **Hinweis** ——————
Dieses Panino (und all' seine Varianten) passt sehr gut zu verschiedenen Salaten, zu verschiedenen Vorspeisen oder als Beilage zu gegrilltem Fleisch.

Käsestangerl

Zutaten

400 g Weizenmehl, glatt
100 g Weizenmehl, griffig
1 KL Salz
1 Pkg. Trockengerm
1 EL Honig
250 ml Milch
1 EL Öl

1 Ei zum Bestreichen
100 g Käse, gerieben

 Tipp

Dreiecke vor dem Einrollen mit jeweils einer Scheibe Speck belegen!

Zubereitung

Mehle, Salz und Germ in einer Schüssel vermischen, Honig, lauwarme Milch und Öl zugeben und einen glatten Teig kneten. Teig zugedeckt an einem warmen Ort ca. 1 Stunde gehen lassen (Teigvolumen soll sich verdoppeln). Teig in 3 gleich schwere Stücke teilen, nochmals kurz durchkneten und jedes Teil zu einer Scheibe ausrollen, mit einem bemehlten Teigrad jeweils 6 Dreiecke herausradeln; diese von der breiten Seite her zu Stangerln rollen. Gebäck auf das vorbereitete Blech legen und zugedeckt 30 Minuten rasten lassen. Backrohr auf 200 °C (OUH) vorheizen, Stangerln mit verquirltem Ei bestreichen, mit geriebenem Käse bestreuen und bei 200 °C ca. 15 Minuten backen.

Zutaten

250 g Weizenbrotmehl
250 g Weizenvollmehl
1 TL Salz, 42 g Germ
300 ml Wasser, lauwarm
150 g Speck, klein gewürfelt
Sesam zum Bestreuen

Speck-stangerl

Käsespirale

Zubereitung

Germ mit Honig verrühren, Milch zugeben und kurz stehen lassen. Mehl, Salz, Ei, Butter und Milchgemisch zugeben; alles zu einem glatten Teig abkneten. Teig mit Mehl bestauben, zudecken und 30 Minuten gehen lassen. Teig nochmals durchkneten, ca. 5 mm dick auswalken und mit verquirltem Dotter bestreichen. Käse, Paprikapulver und Kümmel gleichmäßig auf den Teig streuen und in 2 cm breite Streifen schneiden. Teigstreifen zu Spiralen drehen, auf das vorbereitete Blech legen und nochmals 10 Minuten gehen lassen. Backrohr auf 190 °C (OUH) vorheizen und Spiralen darin 12 bis 15 Minuten backen.

  **Hinweis**
Frisch aus dem Rohr schmecken die Stangerln sehr flaumig, am nächsten Tag sind sie köstlich knusprig.

Zubereitung

Mehle und Salz vermischen, in der Mitte eine Grube machen und Germ hineinbröseln. Germ mit etwas Wasser verrühren, mit Mehl bestauben und 15 Minuten gehen lassen. Restliches Wasser zugeben und alles zu einem mittelfesten Germteig verarbeiten. Teig zudecken und 30 Minuten warm stellen, dann nochmals durchkneten und dabei Speckwürfel einarbeiten. Stangen formen, auf dem Blech 30 Minuten zugedeckt gehen lassen. Backrohr auf 180 °C (OUH) vorheizen, das Gebäck mit Wasser besprühen und einschneiden sowie mit Sesam bestreuen; dann bei 180 °C etwa 30 Minuten backen.

Zutaten

30 g Germ, 1 KL Honig
1/8 l Milch, lauwarm
120 g Butter, zerlassen
400 g Weizenmehl, griffig
1 Ei, 1 TL Salz

1 Dotter zum Bestreichen
100 g Emmentaler, gerieben
Paprikapulver und Kümmel zum Bestreuen

Knabberspaß

Zutaten

200 g Butter
250 g Schmelzkäse
250 g Weizenmehl, glatt
je 1 Prise Salz und
Pfeffer
1 Ei zum Bestreichen
Mohn, Sesam, Kümmel,
Kürbiskerne, Käse zum
Bestreuen

Zubereitung

Kalte Butterstücke und Schmelzkäse mit Mehl, Salz und Pfeffer rasch zu einem Teig verkneten, mit Frischhaltefolie zudecken und mindestens 30 Minuten kalt stellen. Backrohr auf 200 °C (HL) vorheizen, 2 Backbleche mit Backpapier auslegen, Teig auf einer bemehlten Fläche ca. 4 mm dick auswalken und verschiedene Formen ausstechen. Kekse auf das vorbereitete Blech legen, mit verquirltem Ei bestreichen und nach Belieben bestreuen. Gebäck bei 200 °C ca. 15 Minuten backen und vollständig auskühlen lassen.

✗ Tipp

Wer es eilig hat, kann statt des Käsemürbteigs Blätterteig verwenden. Dann das verquirlte Ei zusätzlich mit etwas Wasser verrühren und Gebäck damit bestreichen, sodass der Blätterteig schön aufgeht.

Làngos (ungarisches Fladenbrot)

Zutaten

400 g Weizenmehl, glatt
5 EL Milch, lauwarm
15 g Germ, 1/2 TL Salz
250 ml Milch, lauwarm
500 ml Öl
125 g Crème fraîche
etwas Salz
2 Zehen Knoblauch,
etwas Olivenöl
150 g Käse, gerieben

Zubereitung

Mehl in eine Schüssel geben und in der Mitte eine Mulde machen. Germ hineinbröckeln, dann mit Milch glatt rühren und mit wenig Mehl verrühren (= Dampfl). Dampfl zudecken und 15 Minuten an einem warmen Ort gehen lassen. Salz zufügen und während des Knetvorgangs Milch langsam zugießen (ev. etwas weniger verwenden). Teig mit wenig Mehl bestreuen, zudecken und ca. 30 Minuten an einem warmen Ort gehen lassen. Öl erhitzen, Teig in 6 Stücke teilen und zu Kugeln formen. Teigkugeln mit der Hand zu dünnen Fladen auseinanderziehen, wobei der Rand dicker als die Mitte sein sollte. Làngos im heißen Öl hellbraun backen (ca. 2 Minuten pro Seite), herausnehmen und gut abtropfen lassen; möglichst warm servieren (dabei mit Dip und Knoblauchöl bestreichen und mit geriebenem Käse bestreuen).

Dip:
Crème fraîche mit etwas Salz glatt rühren.

Knoblauchöl:
Knoblauch schälen, in eine kleine Schüssel pressen und ein wenig Öl dazugießen.

Würzige Maggikrautlaibchen

Zubereitung

Germ mit Honig in etwas Wasser auflösen und kurz rasten lassen. Mehle, Hafermark, Salz, Sauerrahm und Gewürze vermischen. Germgemisch und Wasser zugeben und einen weichen Germteig abkneten. Maggikraut fein schneiden und zuletzt unter den Teig kneten. Teig zudecken und 40 Minuten rasten lassen. Backrohr auf 200 °C (OUH) vorheizen, Teig nochmals gut durchkneten, Brötchen schleifen und diese auf das vorbereitete Blech setzen. Gebäck zudecken, nochmals gehen lassen und vor dem Einschießen mit Wasser oder einem verquirlten Dotter bestreichen. Gebäck bei 200 °C 15 Minuten anbacken, Hitze auf 180 °C reduzieren und weitere 15 Minuten fertig backen.

✗ Tipp

Die Zugabe von Hafermark (fein gemahlene Haferflocken) ist nicht unbedingt notwendig. Wenn möglich, frisches Maggikraut (= Liebstöckel) verwenden – dies gibt diesem Brot einen würzigen Geschmack!

Zutaten

300 g Dinkelvollmehl
100 g Weizenmehl, glatt
200 g Weizenvollmehl
50 g Hafermark
1 TL Honig
30 g Germ, 2 TL Meersalz
4 EL Sauerrahm
ca. 250 ml Wasser, lauwarm
Brotgewürz, Leinsamen, Brotklee, Sonnenblumenkerne nach Geschmack
Maggikraut nach Belieben

Müsliriegel

Zutaten

120 g Dinkel- oder
Weizenmehl, glatt
400 g Müsli
120 g Apfelmus
100 g Honig, flüssig
100 g Marmelade

Zubereitung

Backblech mit Backpapier auslegen,
Backrohr auf 170 °C (OUH) vorheizen. Mehl und Müsli gut miteinander
vermischen, Apfelmus, Honig und
Marmelade zugeben und alles gut
verrühren. Masse auf das vorbereitete
Blech streichen und bei 170 °C ca.
20 Minuten backen. Gebäckplatte
sofort in Riegel schneiden und vollständig auskühlen lassen.

X Tipp

Das Müsli kann man nach Belieben selber herstellen (Haferflocken, Rosinen, Sonnenblumenkerne, Sesam, Schokoladetrop-
fen, Trockenobst, Kokosraspeln, Nüsse, Cornflakes …). Sehr gut
schmeckt auch ein Müsli mit Schokostücken. Die Marmeladen-
sorte ist je nach Geschmack abwandelbar.

Piccolini

Zutaten

42 g Germ, 3 EL Olivenöl
250 ml Wasser
1 TL Kristallzucker
300 g Weizenmehl, glatt
200 g Dinkel- oder Wei-
zenvollmehl
1 Prise Salz

250 g Tomaten, passiert
Salz, Pfeffer, Basilikum
200 g Mozzarella oder
Käse, gerieben
Pizzagewürz

Zubereitung

Mehle in eine Schüssel sieben, in der
Mitte eine Grube machen, Wasser hin-
eingießen, Germ und Zucker darin auflösen und Dampfl mit etwas Mehl bestauben. Teig zudecken und 15 Minuten rasten lassen. Olivenöl und Salz
zugeben; alles mit dem Knethaken zu
einem geschmeidigen Germteig abkneten. Germteig zugedeckt 45 Minuten
gehen lassen. Passierte Tomaten mit
Salz, Pfeffer und Basilikum würzen,
Mozzarella klein schneiden. Backrohr
auf 200 °C (HL) vorheizen, Backbleche vorbereiten, Teig nochmals gut
durchkneten und auf einer bemehlten
Arbeitsfläche 3 mm dick ausrollen,
Scheiben (7 cm Ø) ausstechen und
auf das Blech legen. Gewürzte Tomaten daraufstreichen, mit Pizzagewürz
und Käse bestreuen. Piccolini bei
200 °C ca. 30 Minuten backen.

Rosmariechen

Zubereitung

Germ im Wasser auflösen. Mehl, Salz, Pfeffer und Rosmarin vermengen, Germgemisch und Öl zugeben und zu einem glatten Teig verkneten. Teig mit den Händen 10 Minuten gut durchkneten, zudecken und 1 Stunde rasten lassen, bis sich das Volumen verdoppelt hat. Teig wiederum durchkneten, 5 mm dick ausrollen, Scheiben ausstechen und diese auf das vorbereitete Blech legen, mit den Fingern eine kleine Mulde in die Teigscheiben drücken, etwas Käse hineinlegen, mit einigen Rosmarinnadeln belegen und mit etwas Olivenöl beträufeln. Teigscheiben am Blech noch ca. 15 Minuten rasten lassen, Backrohr auf 200 °C (OUH) vorheizen, Rosmariechen ca. 15 Minuten backen und am besten noch lauwarm servieren.

Zutaten

20 g Germ
250 ml Wasser, lauwarm
500 g Weizenmehl, glatt
1 EL Salz, 1 Prise Pfeffer
2 KL frischer Rosmarin, gehackt
5 EL Olivenöl

200 g Gorgonzola, klein gewürfelt ODER geriebener Käse
4 Rosmarinzweige
Salz, Pfeffer, Olivenöl zum Beträufeln

Partyrad/Partystange

Zutaten

100 g Dinkelvollmehl
150 g Dinkelmehl
250 g Weizenvollmehl
2 TL Salz
42 g Germ
2 EL Brotgewürz
130 ml Wasser, lauwarm
200 ml Buttermilch,
lauwarm
Körner zum Bestreuen

Zubereitung

Germ im lauwarmen Wasser auflösen und mit den anderen Zutaten zu einem Teig verkneten, zudecken und 40 Minuten an einem warmen Ort gehen lassen. Teig nochmals gut durchkneten, kleine Brötchen schleifen und diese als Rad oder Stange auf das vorbereitete Blech setzen. Teigkugeln nochmals mit einem Tuch zudecken und 30 Minuten gehen lassen. Backrohr auf 200 °C vorheizen, Brötchen mit Wasser bestreichen, mit verschiedenen Körnern bestreuen und bei 200 °C ca. 25 Minuten backen.

Schinken-Käse-Zipfel

Zutaten

250 g Weizenmehl, glatt
250 g Butter
250 g Topfen
1 Prise Salz

Füllung:
150 g Schinken
100 g Käse, gerieben
Salz, Pfeffer
je 1 EL Petersilie und
Schnittlauch
2 Eckerln Streichkäse

1 Dotter zum Bestreichen

Zubereitung

Mehl, Butterstücke, Topfen und Salz rasch zu einem glatten Teig verkneten, in Folie wickeln und 30 Minuten kalt stellen. Für die Füllung Schinken klein schneiden, Streichkäse mit einer Gabel zerdrücken, restliche Zutaten zugeben und alles zu einer kompakten Masse vermischen. Bleche mit Backpapier auslegen, Backrohr auf 180 °C (HL) vorheizen, Teig auf einer bemehlten Arbeitsfläche zu einer dünnen Platte auswalken. Quadrate (10 x 10 cm) ausradeln, Ränder mit verquirltem Dotter bestreichen, etwas Füllung in die Mitte setzen und Quadrate zu Dreiecken zusammenklappen. Ränder gut zusammendrücken, auf das Blech legen und mit Dotter bestreichen. Zipferl bei 180 °C ca. 20 Minuten backen.

Zubereitung

Mehle in eine Schüssel geben und eine Mulde eindrücken, Germ hineinbröckeln, mit Honig und etwas Wasser verrühren und mit etwas Mehl bedecken (= Dampfl). Dampfl zugedeckt ca. 15 Minuten gehen lassen. Eier verquirlen; 2 EL davon mit 2 EL Wasser verrühren und zwischenzeitlich kühl stellen, restliche Eier, Butter und Salz zum Mehl geben, vermischen und zu einem weichen Germteig kneten. Teig mit Mehl bestauben, zudecken und an einem warmen Ort 1 Stunde gehen lassen. Teig nochmals durchkneten, zu einer Rolle formen, die an einem Ende dünner und am anderen dicker sein soll. Teig auf dem Backblech zu einer Schnecke rollen (mit dem dickeren Teil beginnen), Teig mit einem feuchten Tuch bedecken und 45 Minuten rasten lassen. Backrohr auf 200 °C (OUH) vorheizen, Schnecke mit dem beiseitegestellten Eierwasser bestreichen, mit Sesam und Mohnsamen bestreuen und bei 200 °C ca. 45 Minuten backen.

Zutaten

500 g Weizenmehl, glatt
200 g Dinkelmehl
42 g Germ
1 EL Honig
70 g Butter, sehr weich
2 Eier
2 TL Salz
300 ml Wasser, lauwarm

Sesam und Mohnsamen zum Bestreuen

Schnecke

X Tipp
Dieses Brot gelingt sehr leicht und ist eine tolle Idee für die Kindergeburtstagsparty!

Süßes Kleingebäck

Z'sammschmeichler

Zubereitung

Mehl, Trockengerm und Zucker in einer Schüssel vermischen; restliche Zutaten zugeben und kräftig durchkneten, bis der Teig Blasen wirft. Teig mit Mehl bestauben, zudecken und zu doppeltem Volumen aufgehen lassen.

Teig auf einer leicht bemehlten Arbeitsfläche nochmals gut durchkneten, Stücke (ca. 50 g) abstechen und diese zu 8 cm langen Rollen formen.

Rollen so auf das Backblech legen, dass die Längsseiten einander berühren. Backrohr auf 175 °C (OUH) vorheizen und Germteig zugedeckt nochmals 20 Minuten gehen lassen.

Gebäck mit Dotter bestreichen, mit Hagelzucker und Mandeln bestreuen und bei 175 °C 20–25 Minuten backen.

Zutaten

500 g Weizenmehl, glatt
1 Pkg. Trockengerm
75 g Zucker, 1 Eiklar, 1 Ei
75 g Butter, sehr weich

150 ml Milch, lauwarm
1 Dotter zum Bestreichen
Hagelzucker und Mandelblättchen zum Bestreuen

Rosinenknöpfe

Zutaten

300 g Weizenmehl, glatt
1 Pkg. Backpulver
75 g Zucker, 1 Prise Salz
1 Pkg. Vanillezucker
150 g Magertopfen

100 ml Milch
100 ml Öl
75 g Rosinen

Zum Bestreichen:
1 Dotter, 2 EL Milch

Zubereitung

Backblech mit Backpapier auslegen, Backrohr auf 200 °C vorheizen. Mehl, Backpulver, Zucker, Vanillezucker und Salz vermischen; Topfen, Milch und Öl zugeben; mit dem Knethaken der Rührmaschine einen glatten Teig herstellen (nicht zu lange kneten, der Teig klebt sonst); zum Schluss Rosinen unterkneten. 12 gleich große Stücke abschneiden. Jedes Stück zu einer gut 20 cm langen Rolle formen; einen Knoten drehen; auf das Blech legen. Dotter und Milch verrühren, die Knoten damit bestreichen; dann bei 200 °C ca. 15 Minuten backen. (Rosinenknöpfe lassen sich sehr gut einfrieren; das aufgetaute Gebäck bei Mittelhitze kurz aufbacken!)

Süße Knöpfla

Zutaten

200 g Weizenmehl, glatt
150 g Dinkelmehl
1 KL Salz, 20 g Germ
50 g Butter, 2 Dotter

125 ml Milch, lauwarm
50 g Kristallzucker
3 EL Sauerrahm
etwas Zitronensaft
1 Ei zum Bestreichen

Zubereitung

Butter zerlassen, Milch zugeben und auf Zimmertemperatur abkühlen lassen. Mehle und Salz vermischen, Germ hineinbröseln, Dotter, Zucker, Sauerrahm, Zitronensaft und Milchgemisch zugeben und zu einem glatten Teig verkneten. Teig zugedeckt 30 Minuten gehen lassen. Teig in Stücke teilen und daraus dünne Rollen formen, Knöpfe herstellen, auf das vorbereitete Blech legen und zugedeckt 15 Minuten gehen lassen. Backrohr auf 180 °C (OUH) vorheizen, Knöpfe mit Ei bestreichen; im vorgeheizten Rohr 20 Minuten backen.

Juppis

Zutaten

120 g Butter
5 EL Milch
400 g Weizenmehl, glatt
1 Pkg. Trockengerm
80 g Kristallzucker
1 Prise Salz,
1 Eiklar, 1 Ei
1 Prise Zimtpulver
1 Pkg. Vanillezucker
120 g Topfen
120 g Schokotropfen
1 Dotter und 2 EL Milch zum Bestreichen

Zubereitung

Milch in einem kleinen Topf erwärmen und Butter darin zerlassen. Restliche Zutaten vermischen, Milchgemisch zugeben; alles 5 Minuten zu einem glatten Teig verkneten; zugedeckt an einem warmen Ort zu doppeltem Volumen aufgehen lassen. Teig auf bemehlter Arbeitsfläche kurz durchkneten; dabei Schokotropfen einarbeiten. Teig teilen, zu Platten ausrollen (ca. 5 mm dick), daraus Dreiecke schneiden. Juppis auf das Backblech legen, zudecken, gehen lassen; Rohr auf 170 °C (OUH) vorheizen, Dotter mit Milch verrühren, Juppis damit bestreichen und bei 170 °C ca. 25 Minuten backen.

Zutaten

400 g Dinkelvollmehl
200 g Weizenmehl, glatt
42 g Germ
25 ml Wasser
4 EL Honig
70 g Butter, sehr weich
1 TL Salz
1 TL Zimtpulver
300 ml Milch, lauwarm
100 g Walnüsse, grob
gehackt
100 g Rosinen

Zubereitung

Germ mit Wasser und Honig verrühren und mit etwas Mehl bestauben; 15 Minuten stehen lassen (= Dampfl). Mehle mit den restlichen Zutaten (außer Nüsse und Rosinen) vermischen und zum Germgemisch geben. Einen mittelfesten Teig herstellen, zudecken und 45 Minuten rasten lassen. Nüsse und Rosinen unterkneten und zugedeckt weitere 20 Minuten rasten lassen. Rohr auf 200 °C (OUH) vorheizen, Teig durchkneten, Stücke abschneiden und Stangen formen. Je zwei Stangen dicht aneinander auf das Backblech legen, zudecken und nochmals gehen lassen. Gebäck mit verquirltem Dotter bestreichen, bei 200 °C 20 Minuten backen.

Süßes Duo

 Tipp
Das noch heiße Gebäck mit Honig bestreichen – dies ergibt einen schönen Glanz!

Gaumen-schmeichler

Tipp
Diese Topfenbrötchen schmecken am besten lauwarm!

Zutaten

250 g Weizenmehl, glatt
1 Pkg. Backpulver
1 Prise Salz
1 Pkg. Vanillezucker
3 EL Kristallzucker
250 g Topfen
2 EL Milch
2 Eier

Zubereitung

Backrohr auf 175 °C (OUH) vorheizen, trockene Zutaten vermischen. Topfen, Eier und Milch zugeben. Rasch zu einem eher weichen Teig verkneten, kleine Kugeln formen, auf das Blech setzen und bei 175 °C ca. 20 Minuten backen. Gebäck ca. 5 Minuten vor Ende der Backzeit mit Milch bestreichen und mit etwas Kristallzucker bestreuen.

Wuchtala

Zubereitung

Butter zerlassen, Milch zugeben und auf Zimmertemperatur abkühlen lassen. Trockene Zutaten vermischen; Ei, Dotter und Germgemisch zugeben, mit dem Knethaken des Handrührgeräts schlagen, bis der Teig seidig glatt ist. Teig zudecken und zu doppeltem Volumen aufgehen lassen. Auflaufform gut mit Butter ausfetten, Marmelade glatt rühren, Teig nochmals durchkneten, kleine Kugeln abstechen, Teigstücke flach drücken, etwas auseinanderziehen und mit Marmelade füllen. Wuchtala gut verschließen, mit der Nahtseite nach unten in die Form setzen und mit zerlassener Butter bestreichen; ins kalte Backrohr stellen und bei 200 °C (OUH) ca. 45 Minuten backen.

✗ Hinweis

Wuchtala können kalt zum Kaffee serviert werden; traditionell tischt man sie jedoch heiß mit Vanillesoße auf. Dafür aus 800 ml Milch, 1 Pkg. Vanillepuddingpulver, 100 g Kristallzucker, 2 Pkg. Vanillezucker und 1 EL Rum einen Pudding zubereiten, einmal aufkochen lassen und zu den heißen Wuchtala servieren.

Zutaten

300 g Weizenmehl, universal, 60 g Kristallzucker
200 g Weizenmehl, glatt
1 Prise Salz, 42 g Germ
60 g Butter, 250 ml Milch
1 Pkg. Vanillezucker
2 Dotter, 1 Ei
Butter; Marmelade zum Füllen; Staubzucker zum Bestreuen

Süßes Handgebäck

Zubereitung

Mehle in einer Schüssel vermischen, in der Mitte eine Grube machen. Germ hineinbröseln, mit 3 EL Rohrzucker glatt rühren, mit etwas Milch vermischen, mit Mehl bedecken (= Dampfl). Butter, restlichen Zucker, Vanillezucker, Salz und Ei zugeben; mit Milch zu einem geschmeidigen Germteig verkneten, Teig zudecken; an einem warmen Ort 45 Minuten rasten lassen. Teig auf leicht bemehlter Arbeitsfläche nochmals durchkneten, Stücke abschneiden; verschiedene Brote daraus formen (Zöpfe, Flesserln ...). Gebäck auf das vorbereitete Blech setzen, zudecken und 30 Minuten rasten lassen, Backrohr auf 180 °C (OUH) vorheizen, Gebäck mit verquirltem Ei bestreichen, mit Körnern oder Hagelzucker bestreuen; bei 180 °C ca. 30 Minuten backen.

✗ Tipp

Statt Rohrzucker kann man Honig verwenden. Sehr gut schmeckt es auch, wenn man 1 TL Zimt-, Nelken- oder Kardamonpulver unter den Teig knetet. Nach Belieben Rosinen einarbeiten.

Zutaten

700 g Dinkelvollmehl
300 g Weizenvollmehl
42 g Germ
160 g Butter, sehr weich
140 g Rohrzucker
1 Pkg. Vanillezucker
1 Ei
1 TL Salz
500 ml Milch, lauwarm

1 Ei zum Bestreichen
Körner (Sesam, Mohn, Hagelzucker, ...) zum Bestreuen

| Zutaten | Topfen-Öl-Teig:
250 g Topfen
je 12 EL Milch und Öl
1 TL Salz, 2 Eier
1 Pkg. Vanillezucker
5 EL Staubzucker | Saft von 1/2 Zitrone
600 g Weizenmehl, glatt
2 Pkg. Backpulver

Fülle:
100 g Butter | 150 g Staubzucker
1 Pkg. Vanillezucker
2 Eier, 2 EL Maisstärke
750 g Topfen
60 g Rosinen
3 EL Rum |

Zubereitung

Topfen, Milch, Salz, Vanille- und Staub-zucker, Zitronensaft, Eier und Öl gut verrühren. Mehl mit Backpulver vermi-schen, dazugeben und zu einem Teig kneten. Rosinen mit Rum benetzen; Butter, Staub- und Vanillezucker flau-mig rühren; die Eier nach und nach einrühren. Maisstärke und Topfen da-zurühren und zum Schluss die Rum-rosinen unterheben. Topfen-Öl-Teig ausrollen, 8 x 8 cm große Quadrate zuschneiden und je 1 Esslöffel Fülle daraufsetzen. Die Teigenden zur Mitte hin einschlagen, mit einer Nelke befes-tigen; die Golatschen mit verquirltem Ei bestreichen und auf dem vorberei-teten Backblech bei 180 °C ca. 20 Mi-nuten backen.

Tipp

Auf die Topfenfülle kann Obst nach Belieben gesetzt werden.

Topfen-go-latschen

Der Mensch lebt nicht vom Brot allein! Die meisten wollen „etwas drauf" haben. Deshalb verrate ich hier meine bevorzugten süßen und pikanten Brotaufstriche.

Pikante Brotaufstriche

Als Grundbasis verwende ich miteinander verrührte 125 g QimiQ und 125 g Topfen (oder Gervais- bzw. Frischkäse), zu der ich je nach Geschmack bestimmte Zutaten mische.

Hinweis: Ich mag QimiQ sehr gern, weil es den Aufstrichen den nötigen Stand gibt und sich beim Aufbewahren im Kühlschrank keine Flüssigkeit mehr absetzt. Obendrein ist es fettreduziert – man erspart sich Kalorien, ohne den Geschmack zu mindern.

Bärlauchaufstrich

100 g Bärlauch waschen, klein schneiden und mit 2 gepressten Knoblauchzehen im Mixer pürieren. Diese Paste unter die Grundbasis rühren; mit Salz und Pfeffer abschmecken. Die Menge an Bärlauch kann nach Belieben verändert werden.

Eieraufstrich

3 hart gekochte Eier klein würfeln und zur Grundbasis geben. Mit Salz, Pfeffer, klein geschnittenem Schnittlauch und etwas Curry-

pulver würzen. Nach Belieben etwas Mayonnaise untermischen.

Gemüseaufstrich

Je 1/2 rote und gelbe Paprikaschote klein würfeln; 3 Radieschen und 2 Jungzwiebeln ebenfalls klein schneiden. 1 Karotte und 1 kleinen Apfel fein reiben und alles zur Grundbasis geben. Mit Kräutersalz, Pfeffer, etwas Zitronensaft und etwas Tomatenmark abschmecken. Vor dem Servieren mit Kresse bestreuen.

Kräuteraufstrich

2 EL fein gehackte Kräuter (Petersilie, Schnittlauch, Majoran, Kresse …), 1 gepresste Knoblauchzehe, 1 TL Zitronensaft, etwas Pfeffer und Kräutersalz unter die Grundbasis rühren.

Landaufstrich

Je 100 g fein geriebenen Räucherkäse und geriebenen Tilsiter zur Grundbasis geben und mit einer fein gehackten Essiggurke, einigen Kapern, Salz und Pfeffer abschmecken. Vor dem Servieren mit klein geschnittenem Schnittlauch oder mit frischer Gartenkresse servieren.

Sardellenaufstrich

4 Sardellen (in Salzlake) abspülen, trockentupfen und mit 3 EL Kapern fein hacken, zur Grundbasis geben

und mit Salz und Sardellenpaste abschmecken (Vorsicht bei der Salzzugabe!).

Schafkäseaufstrich

200 g Schafkäse mit einer Gabel zerdrücken und mit 4 EL Olivenöl und 1 Bund klein geschnittenem Basilikum zur Grundbasis geben. Mit Salz und Pfeffer abschmecken und nach Belieben klein geschnittene Oliven oder eine gepresste Knoblauchzehe untermischen.

Shrimpsaufstrich

2 EL Hot-Ketchup, 2 EL Mayonnaise, 1 KL Cognac, 1 EL fein gehackte Kräuter und 250 g Shrimps unter die Grundbasis rühren und mit Salz und Pfeffer abschmecken.

Erdäpfelaufstrich

4 mehlige Erdäpfel kochen und noch heiß passieren. 1 kleine Zwiebel und 1 Essiggurke klein würfeln und mit 250 g Sauerrahm zu den Erdäpfeln geben. Aufstrich mit Kräutersalz und 2 EL fein geschnittenem Schnittlauch abschmecken.

Falsche Leberwurst

2 Zwiebeln klein schneiden und in 100 g Butter andünsten. 42 g frischen Germ hineinbröckeln, darin auflösen und gut durchrühren. 1 zerdrückte Knoblauchzehe zur Buttermischung geben und mit

250 ml Rindssuppe aufgießen. 50 g fein gemahlenes Dinkel- oder Weizenvollmehl einrühren, aufkochen lassen und 3 Minuten weiterkochen. Aufstrich mit Majoran, Thymian, Piment und Kräutersalz gut würzen; zum Schluss einen Schuss Essig und 50 g Butter unter die lauwarme Masse rühren.

Graukäse-Aufstrich

100 g Butter flaumig rühren und mit 1 klein gehackten Zwiebel und 150 g Sauerrahm vermischen. 250 g Graukäse darüberreiben und mit Pfeffer und etwas Suppenwürze abschmecken. Aufstrich vor dem Servieren 12 Stunden im Kühlschrank ziehen lassen.
Hinweis: Da Graukäse sehr würzig ist, vorerst mit wenig Pfeffer würzen und eventuell nach der Stehzeit nachwürzen. Gut schmeckt auch, wenn man zusätzlich etwas Gorgonzola daruntermischt.

Grünkernaufstrich

1 Zwiebel und 2 Knoblauchzehen klein würfeln und in etwas Olivenöl glasig andünsten. 150 ml Suppe, 50 g Grünkernschrot, 1 Lorbeerblatt sowie 2 KL Majoran zugeben, einmal aufkochen lassen und bei kleiner Flamme 30 Minuten ausquellen lassen. Lorbeerblatt entfernen; mit etwas Zitronensaft, Muskatpulver, Salz und Pfeffer abschmecken. Aufstrich einige

Stunden durchziehen lassen und nicht zu kalt servieren!

Liptauer

250 g Topfen, 50 g weiche Butter und 1 TL scharfen Senf verrühren. 1 Zwiebel sehr fein hacken, 1 EL fein geschnittenen Schnittlauch, 1 TL Kapern und 3 klein geschnittene Essiggurken zur Topfencreme geben und mit 1 EL Paprikapulver (edelsüß), 1/2 TL gemahlenen Kümmel und Salz pikant würzen. Aufstrich vor dem Servieren mit etwas Paprikapulver bestreuen.
Tipp: Sehr gut schmeckt es, wenn man ein klein geschnittenes Sardellenfilet unter den Aufstrich rührt.

Nuri-Aufstrich

60 g Butter flaumig rühren; 1 Dose Nuri-Sardinen von Gräten und Rückgrat befreien, klein hacken und mit 250 g Frischkäse unter die Butter mischen. Zum Schluss mit Salz und Pfeffer abschmecken.
Tipp: Wer es sehr scharf liebt, kann noch mit Tabasco oder Sambal Olek nachwürzen!

Obazda

30 g Camembert (= Weißschimmelkäse) und 1 rote Zwiebel fein würfeln und mit 5 EL Frischkäse gut verrühren. Mit Salz, Pfeffer und Paprikapulver abschmecken und nach Belieben klein gehackte Walnüsse unterrühren.

Räucherforellen-Aufstrich

100 g Butter schaumig rühren; 250 g Topfen, 3 EL Oberskren und einen geriebenen Apfel unterrühren. 150 g geräuchertes Forellenfilet klein schneiden, unterrühren und mit Salz und Pfeffer abschmecken. Mit klein geschnittenem Schnittlauch bestreuen.

Roter Linsen-Aufstrich

1 Zwiebel, 2 Knoblauchzehen und 1 Karotte schälen, klein schneiden und in etwas Olivenöl andünsten. 150 g rote Linsen einstreuen, kurz mitrösten und mit 300 ml Wasser aufgießen. 1 Suppenwürfel einstreuen und alles bei niedriger Temperatur ca. 10 Minuten dünsten. Masse pürieren, leicht abkühlen lassen und mit Kräutersalz und Pfeffer abschmecken. Zum Schluss 150 g Magerjoghurt und klein geschnittenen Basilikum unterrühren.

G'schmackiger Sacherkäse

50 g Butter flaumig rühren und 250 g Topfen und 1 EL Sauerrahm zugeben; 3 hart gekochte Eier klein hacken und gemeinsam mit etwas feinen Zwiebelwürfeln, 2 klein geschnittenen Sardellenfilets, 1 TL scharfen Senf, 1 TL Paprikapulver, Salz und Pfeffer zur Buttermischung geben und gut abschmecken.

Thunfischaufstrich

1 Dose Thunfisch ein wenig abtropfen lassen und etwas zerpflücken. 250 g Topfen, 2 EL Sauerrahm, 1 klein gehackte Zwiebel und 2 TL Senf verrühren und Thunfisch unterrühren. Mit Salz, Cayennepfeffer und etwas Sardellenpaste abschmecken und mit fein geschnittenem Schnittlauch bestreuen.

Tipp: 2 hart gekochte, klein geschnittene Eier unterrühren! Sollte der Aufstrich zu fest sein, etwas Thunfischöl oder Milch zugeben.

Süße Brotaufstriche und Marmeladen

Bei Marmeladen ist die Gelierprobe hilfreich: einen Teelöffel Marmelade auf einen Dessertteller geben. Sollte die Marmelade noch zu flüssig sein, einfach noch einige Minuten weiterkochen lassen. Ich mische noch etwas Zitronensäure unter die Fruchtmasse: sie vertieft den Fruchtgeschmack, erhält die Farbe und verbessert die Gelierung des Eingekochten.

Schokocreme

Je 40 g geriebene Haselnüsse und Mandeln in einer Pfanne ohne Fett hell rösten und abkühlen lassen. 150 g Butter flaumig rühren und 4 EL Honig, 2 TL Zitronensaft, 3 EL Kakaopulver, 1 Prise Zimtpulver, 1 TL Vanillezucker sowie geröstete Nüsse zugeben und gut verrühren. Creme 12 Stunden im Kühlschrank durchziehen lassen.

Stracciatella Genuss

40 g Butter flaumig rühren und mit 250 g Topfen oder Mascarpone, 1 zerdrückten Banane, 30 g grob gehackter Zartbitterschokolade und 2 EL Honig gut verrühren. Den Aufstrich vor dem Servieren ca. 3 Stunden kalt stellen und dann mit etwas gehackter Schokolade bestreuen.

Frühlingsmarmelade

500 g Rhabarber schälen, in 2 cm lange Stücke schneiden und mit 500 g klein geschnittenen Erdbeeren vermischen. 500 g Gelierzucker (2:1) daruntermischen und unter ständigem Rühren 8 Minuten sprudelnd kochen lassen. Marmelade in Gläser füllen und gut verschließen.

Sommermarmelade

400 g Erdbeeren, 300 g Himbeeren und 300 g Ribiseln klein schneiden, passieren; mit 500 g Gelierzucker (2:1) vermischen und unter ständigem Rühren 8 Minuten sprudelnd kochen lassen. Marmelade in Gläser füllen und gut verschließen.

Herbstmarmelade

250 g abgerebelte Holunderbeeren, 250 g Äpfel, 250 g Zwetschken und 250 g Birnen klein schneiden, passieren und mit 500 g Gelierzucker (2:1) vermischen und unter ständigem Rühren 8 Minuten sprudelnd kochen lassen. Marmelade in Gläser füllen und gut verschließen.

Wintermarmelade

750 g Zwetschken zerkleinern und 250 g Holunderbeeren abrebeln; Obst passieren und mit 500 g Gelierzucker (2:1) und 1 TL Zimtpulver vermischen und unter ständigem Rühren 8 Minuten sprudelnd kochen lassen. 1 EL klein gehackte Walnüsse und 5 EL Rotwein zugeben und Marmelade in Gläser füllen und gut verschließen.

Hinweis: Holunderbeeren sind gute Vitamin-C-Lieferanten und daher in Erkältungszeiten sehr empfehlenswert!

Wachauer Marillenmarmelade

1 kg Wachauer Marillen pürieren. Das Mark einer Vanilleschote und 1 EL Zitronensaft unterrühren und 30 Minuten ziehen lassen. 500 g Gelierzucker (2:1) unterrühren und unter ständigem Rühren ca. 8 Minuten kochen lassen. 2 EL Marillenlikör (oder Marillenschnaps) unterrühren, Marmelade in Gläser füllen und gut verschließen.

Allgemeines übers Brotbacken

Brot und Kleingebäck werden vor allem aus Dinkel-, Weizen- oder Roggenmehl zubereitet. Als Teiglockerungsmittel finden Germ, Sauerteig oder Spezial-Backfermente Verwendung, wobei Brote, die mit Sauerteig verarbeitet werden, einen herzhaften, kräftigen Geschmack aufweisen.

Es gilt nur, sich das erste Mal zu überwinden, um einen Sauerteig herzustellen. Sie werden überrascht sein, da seine Herstellung beim Lesen mühevoller erscheint, als sie tatsächlich ist. Ich habe mehrere Varianten getestet und auch erfahrene Brotbäcker dazu befragt.

Bei Kleingebäck wird vorwiegend Germ verwendet. Trockengerm ist dem Frischgerm gleichzustellen. Er ist längere Zeit haltbar, damit also immer zur Hand. Trotzdem ziehe ich Frischgerm vor, zudem ich auch nach altbewährter Methode immer ein „Dampfl" ansetze.

Aufbewahrung von Brot

In einer Brotdose, wo die Luftzirkulation gut geregelt ist, bleibt das Brot bis zu einer Woche frisch. Die gängigste Methode ist aber das Einfrieren. Nach dem Backen überkühlen lassen, in Alu- oder Frischhaltefolie wickeln und tiefkühlen.

Bei Bedarf das Gebäck über Nacht bei Zimmertemperatur herauslegen. Am Morgen ist das Brot so saftig und schnittfest wie frisches Brot. Kleingebäck braucht zum Auftauen bei Zimmertemperatur nur ca. 1 Stunde.

Ruhezeiten

Die Ruhezeiten können nicht einheitlich angegeben werden. Fertig geknetete Teige sollten immer zugedeckt an einem warmen Ort ruhen und bis zu doppeltem Volumen aufgehen. Teige, die zu lange gehen, verlieren aufgrund der veränderten Kleberqualität die Standfestigkeit.

Backofen vorheizen

Ich heize beim Brotbacken das Backrohr immer vor und backe generell nur mit Ober- und Unterhitze, außer es ist im Rezept anders angeführt. Eine hohe Temperatur, aber dafür etwas kürzere Backzeit ergibt saftiges Brot mit dünner, knuspriger Rinde. Backrohr auf die angegebene Temperatur vorheizen und das Backblech mit aufheizen. Brot dann auf das heiße, mit Bachpapier belegte Blech stürzen und backen. Ebenso heize ich ein Metallgefäß mit Wasser, das ich auf den Herdboden stelle, mit auf. Wird Brot nur für den Hausgebrauch gebacken, genügt der normale Haushaltsherd.

Klopfprobe

Brote sind fertig gebacken, wenn man mit dem Fingerknöchel auf die Unterseite des Brotes klopft und es hohl klingt. Brot anschließend auf einem Tortengitter auskühlen lassen, damit der Dampf entweichen kann. Gebäck vor dem Anschneiden auskühlen lassen.

Mehlsorten und Mehltypen

Auf jeder Mehlpackung ist eine Typenzahl angeführt. Je höher die Zahl, desto höher ist der Anteil an Vitaminen, Mineral- und Ballaststoffen, und desto dunkler ist das Mehl (weil auch die Randschichten des Korns mit vermahlen werden). Je mehr in der Mühle von den äußeren Schichten des Getreidekorns entfernt wird, desto heller wird das Mehl. Dies aber wiederum bedeutet, dass das Mehl einen geringeren Nährstoff- und Ballaststoffgehalt aufweist, weil die mineralstoffreichen Randschichten des Korns nicht mit vermahlen werden. Ich verwende in meinen Rezepten die folgenden Mehle:

Weizen:

Weizenmehl ist besonders backfähig. Es eignet sich sehr gut zur Herstellung von hellerem Brot und Gebäck. Weizenvollmehl ist ein sehr vollwertiges Mehl.

Weizenmehl, glatt (Type W 700)
Weizenmehl, universal (Type W 480)
Weizenmehl, griffig (Type W 480)
Weizenmehl, doppelgriffig (Type W 480
mit grober Körnung)
Weizenvollmehl (Type W 1800)
Weizenbrotmehl (Type 1600)

Roggen:
Die Backfähigkeit beim Roggenmehl ist nicht so gut, weil der Klebergehalt geringer ist. Deshalb verwende ich Roggenmehl meist in Kombination mit Weizen- oder Dinkelmehl.
Roggenmehl (Type R 960)
Roggenvollmehl

Dinkel:
Dinkel ist ein sehr hochwertiges und gesundes Getreide. Man kann Dinkel als Weißmehl, aber auch als Dinkelvollmehl verwenden. Brot mit Dinkelvollmehl hat einen nussigen Geschmack. Dinkel ist das Korn der hl. Hildegard von Bingen; sie sagt: „Dem, der ihn isst, bereitet er ein rechtes Fleisch und rechtes Blut und macht die Sinne des Menschen heiter und froh. Wenn einer so krank ist, dass er nichts mehr zu sich nehmen kann, dann bereite man ihm eine Speise aus gekochten Dinkelkörnern, zusammen mit Ei, und es wird ihn innerlich heilen wie eine gute Salbe."
Dinkelmehl (Type 700)

Dinkelvollmehl (Type 1800)

Reismehl, Sojamehl, Maismehl, Kamutmehl, Gerstenmehl und Buchweizenmehl sind im Reformhaus erhältlich.

Mehltypenvergleich
Da in jedem Land andere Typenbezeichnungen verwendet werden, führe ich hier einen Vergleich der Weißmehltypen zwischen Deutschland und Österreich an: *Type 405 = Type W 480; Type 550 = Type W 700; Type 1050 = Type W 1600*

Getreidemühle
Wer im Besitz einer Getreidemühle ist, kann sich den Ausmahlungsgrad selber bestimmen. Ebenso kann man Reis, Kamut oder Buchweizen selber mahlen.

Spezialzutaten sind im Reformhaus erhältlich:
Weizenkleie (ballaststoffreich, regt die Darmtätigkeit an, fördert die Verdauung), Weizenschrot (ungeschälte Körner, die grob zerkleinert – „geschrotet" – werden), Haferflocken, Dinkelflocken, Backmalz (beschleunigt die Gärung, verbessert die Teigbeschaffenheit; ist in Österreich nur schwer erhältlich), Gerstenmalzsirup oder -extrakt, Brottrunk, Hirseflocken, Sauerteigextrakt.

Was bedeutet?

schleifen: Die Teigportion grob rundlich formen, nicht zu stark bemehlen und mit der Handinnenfläche auf der Arbeitsfläche kreisförmig drehen, sodass keine Naht mehr sichtbar ist.

Sauerteigansatz: Teig, der nach der ersten Sauerteigherstellung in einem Schraubglas im Kühlschrank aufbewahrt wird.

Einschießen: Befördern der Teiglinge in den heißen Ofen.

Damit das Brot in Form bleibt

Gärformen
Gärformen (= Simperl) sind lediglich zum Brotaufgehen und nicht zum Backen im Ofen geeignet. Bevor man den Brotteig in die Form legt, diese mit Mehl aus-

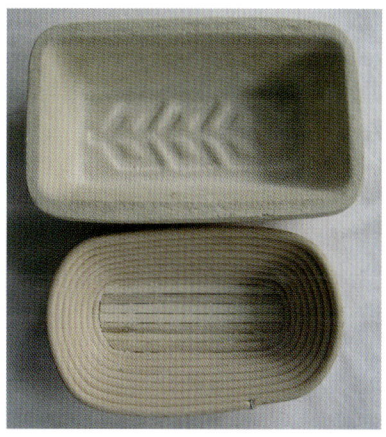

streuen oder mit einem Geschirrtuch auslegen. Nachdem der Teig gegangen ist, diesen auf das vorbereitete Blech stürzen und laut Rezeptangabe backen. Gärformen dürfen nicht mit Wasser gereinigt werden – man klopft sie lediglich aus. Alternativ zu Simperln kann man eine Holzschüssel mit einem sauberen Geschirrtuch auslegen.

Simperln können rund, aber auch eckig sein (siehe Seite 127).

Brotformen

Einige Teige werden in der Führung eher weich gehalten und daher in einer Form gebacken. Dafür kann man nach Belieben eine Kasten- oder Rehrückenform, eine quadratische oder auch eine längliche Brotbackform verwenden. Im Fachhandel gibt es ein großes Sortiment an Backformen. Brotbackformen immer sehr gut befetten und mit Mehl ausstauben oder vollständig mit Backpapier auslegen.

Tipps & Tricks

• Backbleche immer mit Backpapier auslegen. Backrohr immer gut vorheizen.

• Brotteige eher weich halten; die Flüssigkeitsangaben in meinen Rezepten sind ungefähre Angaben. Die Mehle sind unterschiedlich gemahlen und vertragen ab und zu mehr Flüssigkeit als angegeben. Beim Zubereiten des Teiges nicht immer gleich die ganze Flüssigkeit dazugeben.

• Man erspart sich viel Zeit, wenn man sich einen Sauerteigvorrat (Ansatz) bzw. einen Grundansatz für das Backen mit Backferment anlegt, auf den man beim Brotbacken zurückgreifen kann.

• Brotteig geht gut auf, wenn alle Zutaten und auch der Rastplatz Zimmertemperatur haben. Meine Brote lasse ich immer auf einem bemehlten Nudelbrett oder in einer großen, mit Mehl ausgestaubten Schüssel gehen.

• Flüssigkeiten: Hauptsächlich verwende ich Wasser zum Brotbacken; Milch und Milchprodukte verwende ich vor allem bei feinen Germgebäcken wie Kipferln oder Striezel. Sauermilch, Molke oder Buttermilch werden oft zusätzlich als Teiglockerungsmittel in Sauerteigbroten mit Roggenmehl für eine bessere Versäuerung eingearbeitet.

• Das noch lauwarme Brot kann man mit kaltem Kaffee oder zerlassener Butter bestreichen, damit es eine schöne Farbe bekommt und die Rinde schön knusprig wird.

• Brotteig (ohne Sauerteig) kann man sehr gut am Vortag zubereiten und über Nacht in den Kühlschrank stellen. Dafür benötigt man kein Dampfl (Vorteig), sondern verknetet einfach alle Zutaten miteinander. Teig gut mit Mehl bestauben, in eine große Schüssel geben und zudecken. Am nächsten Tag den Teig bei Zimmertemperatur zu doppeltem Volumen aufgehen lassen und laut Anleitung weiterarbeiten.

• Teige, die in Formen gebacken werden, sollten etwas weicher gehalten werden. 10–15 Minuten vor Backzeitende das Brot aus der Form geben und auf einem Gitter fertig backen. So bekommt es rundherum eine schöne Farbe und Kruste.